지역문제해결 디자인

과정을 소중하게 담을 수 있는   인간 중심 패러다임

FACILI TATION

지역문제해결 디자인

배윤주 · 홍삼열 공저

인간 중심 퍼실리테이션 연구소에서
지역문제해결 디자인 퍼실리테이션 워크북

커뮤니케이션 의사결정비용, 상대적 무임승차, 기업으로서의
사회적 경제조직의 경영전문성, 사회적 자본의 활성화, 사회적
경제기금의 형성과 그 근간이 되는 사회경제지표 등

커뮤니케이션의
효과적 도구
퍼실리테이션

한정된 시간에
확실하게 실습
중심으로 계획

좋은땅

서구 세계는 수백 년간 산업사회를 거치면서 합리적인 사고체계를 확립할 수 있었지만 우리나라는 불과 30여 년간의 산업사회를 거쳐 지식정보사회로 진입하여 세계적인 국가로 성장하기는 했으나 '모로 가도 서울만 가면 된다'라고 하면서 목표지향적으로 달려와 과정은 중요시하지 못했고, 일 중심이어서 사람의 중요성은 종종 무시됨으로 갈등과 자살, 산업재해 등에서는 타의 추종을 불허하는 결과를 갖게 되었습니다.

이제는 과정을 소중하게 담을 수 있는 시스템 중심과 인간 중심으로 패러다임이 바뀌어야 한다는 데 모두 동의할 것입니다. SNS와 같은 개인적인 언론사를 모두 가지고 있는 능력사회, 정보가 전문인에게만 집중될 수 없을 만큼 세분화되어 여럿이 함께 머리를 맞대고 생각을 모아야만 사각지대가 없어질 만큼 복잡한 세상을 살고 있습니다. 개개인은 모두 부분이지만 집단지성 메커니즘에 따른 절차와 도구를 따라가다 보면 어느 새 창조적인 전체가 이루어지는 것을 경험할 수 있는 프로세스가 퍼실리테이션입니다.

청동기시대의 패러다임으로 철기시대를 살아갈 수 없듯이 흑백논리가 중심이었던 이데올로기시대의 패러다임으로는 다양성이 존중되는 집단지성의 시대를 살아갈 수 없습니다. 비빔밥은 숟가락으로 재료들을 으깨고 뭉개는 것이 아니라 젓가락으로 하나하나 섞어 각각의 재료들이 살아 있어야 하듯이 제품이나 서비스 이전에 사람들이 모여 긴 시간 논의하고 생각을 통합하는 과정이 무엇보다 중요합니다.

이 워크북은 조직과 공동체가 단순한 조직체가 아니라 생명체처럼 살아 있는 유기체가 되도록 도울 수 있는 퍼실리테이션의 기술, 절차와 도구를 경험하도록 설계되어 있습니다. 목표를 향해 달리기만 하면 되는 시대는 이제 옛날이 되었습니다. 현재는 축구경기처럼 언제 어떻게 상황이 변하여 그에 맞게 대처해야 할지 모르는 변동성이 많은 시대입니다. 이에 맞춰 워크북에서는 빠르게 실패하고 이를 검증하여 다시 설계해야 하는 세계적으로 검증된 디자인씽킹을 소개했습니다. 그리고 지역문제를 컨설팅할 때 꼭 필요한 절차와 도구들 및 비즈니스모델까지 압축해 다루었습니다.

한정된 시간에 확실하게 몸으로 체득할 수 있도록 커리큘럼화하였고 이론보다는 실습 중심으로 계획되었습니다. 구약성서의 에스겔이 골짜기에 쌓여 있던 마른 뼈들이 다시 맞춰지고 근육과 살이 붙고 생명력을 불어넣어 살아 있는 군대가 되는 비전을 보여 주었듯이 이 워크북을 통하여 인간이 기계 부속품으로 조립된 것 같은 조직이나 공동체가 아니라 개개인의 생명력이 살아 움직일 수 있는 조직이나 공동체로 살아나기를 희망해 봅니다.

목차

제1부   **퍼실리테이션(DESIGN)**

제2부

지역문제해결 디자인(LOCAL)

제1부

퍼실리테이션 (DESIGN)

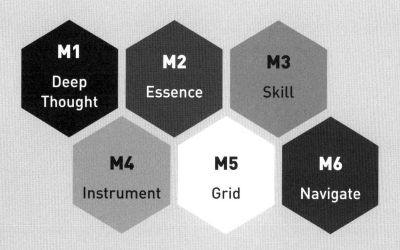

M1 ▶ 퍼실리테이션 이해(Deep thought)

1. 퍼실리테이션의 역사

(1) 퍼실리테이션의 역사[1]는 1941년 광고회사 임원인 Alex Osborn은 '브레인스
토밍(Brainstoming)'이라고 알려진 프로세스의 4가지 기본 원칙을 만들어 냈
고, 비슷한 시기인 1946년에 Kurt Lewin은 '액션리서치(Action Research)'
를 개발

(2) 1950년대와 1970년대 집단절차의 본질에 대한 탐색, 연구와 발전기간을 거
치면서 1970~1980년대에는 미국과 영국에서 공식 교육과정이 개발

(3) 1978년 영국 서레이대학교의 '퍼실리테이션 방식과정', 미국MIT NTL의 '조
직개발 석사과정', ICA의 교육과정인 '참여의 기술' 등이 생김

2. 퍼실리테이션의 정의

(1) 퍼실리테이션(facilitation)의 사전적 의미는 '촉진'이다. 퍼실리테이션은 미
국에서 집단에 의한 학습촉진 기법으로 개발되어 사용되다가, 기업에서 효율
적인 회의 진행 및 현장 밀착형 업무혁신의 수단으로, 조직문화를 개선하는

---

1) http://www.koofacilitation.kr 참조.

혁신 기법으로 활용되었다.(오우식, 2017)

(2) 퍼실리테이션(facilitaion)은 집단이 집단의 공동목적을 쉽게 달성할 수 있도록 도구와 기법을 활용하여 절차를 설계하고 중립적인 태도로 진행과정을 돕는 활동이다.(구기욱, 2017)

(3) 퍼실리테이션(facilitation)이란 '일을 쉽게 하다. 행동이나 과정 등을 촉진한다'라는 사전적 의미로 집단활동 프로세스에 관여하여, 팀의 목적을 효과적으로 달성할 수 있도록 중립적인 위치에서 촉진하고 지원하는 행위이다.(이영석, 2009)

(4) 퍼실리테이션(facilitation)은 개인이 최상의 사고를 할 수 있도록 도울 뿐만 아니라 완전한 수준의 참여를 끌어내며 서로를 이해하고 공동의 책임감을 가지도록 발전시키는 것이다.(Kaner et, al, 2014)

3. 퍼실리테이션의 활용

(1) 회의/워크숍

- 팀 빌딩
- 비전 설정
- 아이디어 창출
- 전략 수립
- 이슈 도출
- 의사결정
- 문제 해결
- 갈등 해결

(2) 컨설팅

(3) 그룹코칭

(4) 강의

4. 사회자본과 퍼실리테이션 철학과의 관계

(1) 사회자본

- 사회자본이 풍부하면 거래의 안전이 보장되고, 사회자본의 취약하면 거래 비용이 높아진다. 사회자본은 다양한 분야와 관계가 있지만 특히 지역사회 문제해결에 있어서는 더욱 밀접한 관계가 있다. 이윤보다는 문제해결에 초점을 맞추고 민주적 의사결정을 추구하는 사회적 경제 분야에 있어서는 사회자본을 근간으로 하는 퍼실리테이션 기술이 필요하며, 따라서 사회자본은 퍼실리테이션 철학과도 깊은 관계가 있다.

  1) 신뢰: 개인적인 신뢰는 사람, 가족, 친분에 의한 것이며, 사회적 신뢰는 교육, 언론, 경찰, 군대, 국회, 행정기관, 사회보험, 정부, 기업 등에서 찾을 수 있다. 신뢰가 없으면 사회투자비용이 증가한다.

  2) 네트워크: 가족 친지 등과 같이 강한 유대관계보다는 복지나 자원봉사 등과 같이 약한 유대관계 속에서도 협력이 이루어질 수 있는 사회는 그 자체로 자본이 형성된다.

  3) 규범: 호혜성에 기초한 사회적 규범이다. 베푼 대가를 바로 바라는 것이 거래라면 베풀되 대가를 멀리 뒤로 미루면 관계가 형성된다. 자신을 이용하기보다 공정하게 대한다고 생각하는 사람이 많고, 기부와 자원봉사,

반부패지수가 높을수록 호혜성이 풍부한 규범 있는 사회다.

(2) 퍼실리테이션 철학과의 관계

1) 신뢰: '믿는 도끼에 발등 찍힌다'라는 말처럼 사람을 무한 신뢰할 수는 없지만 자신에게 맡겨진 일은 효율적으로 시행하여 인정받고자 하는 욕구는 누구에게나 있으므로 신뢰를 부여하는 것이다. 사회자본에도 신뢰라는 요소가 동일하게 존재한다.

2) 중립성: 구성원들이 참여자로 함께 하여 퍼실리테이션을 진행할 때 상반된 의견이 있으므로 퍼실리테이터는 자신의 의견이 있지만 어느 편에도 서지 않음으로 모든 참여자의 의견이 유효하게 된다. 참여자들의 네트워크는 약한 유대관계를 갖기 때문이다.

3) 절차: 퍼실리테이터는 의견에 대해 중립성을 지키지만 퍼실리테이션을 효과적으로 기획하고 시간관리를 해야 하는 진행자이기에 사회자본의 규범과 연결되는 절차의 중요성을 갖는다.

M2 ▶ 퍼실리테이션 원리(Essence)

1. 집단 역동(Group Dynamic)

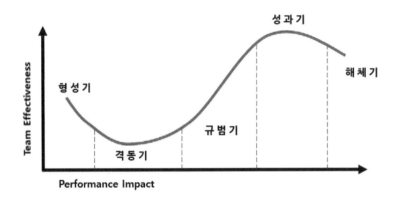

(1) 집단 역동성에 대한 이해는 1965년에 Bruce Wayne Tuckman이 발표한 「Developmental Sequence in Small Groups」[2]의 논문 내용에 1977년 Adjouring 단계를 추가해서 만든 '팀 형성의 5단계' 내용에 기반한다.

(2) Tuckman은 그룹의 역동성과 구성원들의 상황을 다음과 같이 5단계로 설명한다.

   1) 사람들이 모이고 목표와 관계가 만들어지는 '형성기, Forming' 단계

   2) 본격적으로 일이 진행되면서 개성이 표출되고 긴장이 고조되는 '격동기,

---

2) Bruce Wayne Tuckman(1965), 「Developmental Sequence in Small Groups」

Storming' 단계

3) 서로를 수용하고 공감대가 형성되는 '규범기, Norming' 단계

4) 집중과 몰입으로 높은 성과를 만드는 '성과기, Performing' 단계

5) 결과물을 만들고 자연스럽게 헤어지는 '해체기, Adjourning' 단계

2. 의사소통 원리(communication)

(1) 모두가 선호하는 의사소통은, 특정 주제에 대해서 참가자들 모두가 시작부터 자신들의 생각과 주장을 논리 정연하게 이야기하면서 아이디어가 하나로 모아져서 의사결정으로 나타나는 것이다.

(2) 하지만 그것은 비현실적인 의사소통 구조이다. 이것은 비언어 의사소통을 설명하는 '메라비언의 법칙(The Law of Mehrabian)'으로 설명할 수 있다.

(3) 메라비안 법칙

1) 7%(Words) – 38%(Tone of voice) – 55%(Non-verbal behavior) 규칙.

2) 캘리포니아대학교 로스앤젤레스캠퍼스(UCLA) 심리학과 명예교수인 앨버트 메라비언(Albert Mehrabian)은 1971년에 출간한 저서 『사일런트 메시지(Silent Messages)』에서 비언어적 의사소통을 소개.

3) 메라비언에 따르면, 자신의 감정을 전달하는 세 가지 요소는 말의 내용(Words), 목소리(Tone of voice), 그리고 바디랭귀지(Non-verbal behavior).

4) 상호 공감대 형성 및 의사소통이 원활하게 이뤄지기 위해서는 세 부분이 서로 일치하여 조합을 이룸.

5) 하지만 세 가지가 부조화를 이루게 되면 메시지 수신자는 발신자의 의도와는 다르게 메시지를 받아들이게 됨. 이런 경우에 상대방(메시지 수신자)은

말의 내용을 담고 있는 '언어적 커뮤니케이션'보다 목소리와 바디랭귀지(몸짓 언어)와 관련된 '비언어적 커뮤니케이션'의 형태에 더 큰 영향을 받게 됨.

(4) 현실적인 의사소통 작동원리

    1) 『Facilitator's Guide to Participatory Decision-Making』[3]의 저자인 셈 캐이너(Sam Kaner)는 아래과 같은 구조로 설명

    2) 현실적인 의사소통의 작동원리를 기반으로 구성원 모두가 '표현 단계'와 '혼란 단계' 그리고 '합의 · 결정 단계'에서 서로의 판단을 보류하면서도 공동의 합의를 만들 수 있는 도구와 기법을 소개

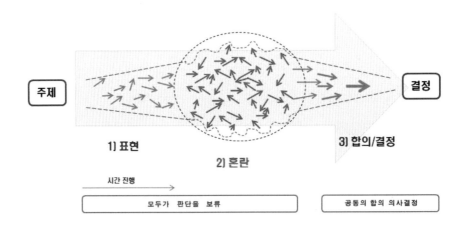

3) 셈 케이너 외, 구기욱 역, 『민주적 결정방법론: 퍼실리테이션 가이드』, Koofa Books

M3 ▶ 퍼실리테이션 기술(Skill)

1. 질문의 기술

(1) 개요

- 질문의 사전적 의미는 '인간이 세계에 탐구적으로 관계하는 원초적인 행위'
이다. 워크숍 주제에 대하여 참여자들의 소견을 묻는 행위이다. 어떻게 질
문하느냐에 따라 참여자의 생각이 깊어지고 대답이 달라지기 때문에 무엇
보다 질문의 기본기가 필요하다.

(2) 진행 방법

1) 미리 설계된 질문 프레임을 활용한다.
2) 질문 패키지를 활용할 때에도 한 번에 한 가지씩 질문한다.
3) 주제에서 벗어나지 않도록 워크숍 주제를 확인시키며 질문한다.
4) 가능하면 모두가 참여할 수 있도록 고르게 질문한다.
5) 의미가 모호할 때는 구체적으로 표현할 수 있도록 다시 질문한다.

(3) Tip

1) '예', '아니오'로 대답할 수 있는 닫힌 질문보다는 참여자가 생각하게 할 수
있는 열린 질문이 좋다.

2) 추궁하는 듯한 질문보다는 참여자들에 대한 내면의 호기심을 가지고 하는 탐색형 질문이 좋다.

3) 편향적이거나 유도하는 질문이 아닌 중립형 질문이 좋다.

4) 판단하는 마음보다는 배우고자 하는 마음이 필요하다.

(4) 질문 프레임 이해

1) T chart

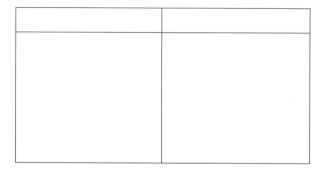

2) Y chart

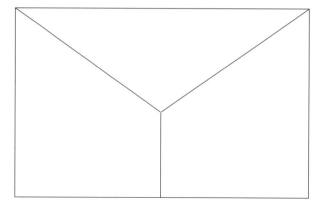

3) 사분면

    – 두 가지의 반의어로 구성된 형태

    – X축 Y축과 빈도(높음과 낮음)로 구성된 형태

    – 네 가지 질문을 순서대로 배치한 프로세스 형태

2. 경청의 기술

(1) 개요

    – 경청의 사전적인 의미는 '귀를 기울여 듣는 것'이다. 참여자의 의견을 귀 기울여 듣기 위해서는 마음 자세부터 존경심을 가지고 듣는 것이 좋다. 사람과 조직을 돕기 위한 퍼실리테이터는 참여자가 말하고자 하는 것이 무엇인지 드러나지 않은 내용을 파악하고 돕는 기본기가 필요하다.

(2) 진행 방법

1) 참여자의 이야기를 듣는다.

2) 효과적인 경청을 위해 참여자가 이야기에 적절히 공감하고 반응해 준다.

3) 모호하거나 압축된 의견은 이해를 명확하게 확인하기 위해 질문한다.

4) 참여자가 이야기하는 단어 하나하나에만 집중하기보다 억양이나 몸짓 등 비언어적 요소도 관찰한다.

5) 의견은 적극적으로 수용하고 드러나지 않은 욕구, 의도, 감정을 읽는다.

(3) Tip

1) 자신의 의견을 가감하여 조언하지 않고 말한 내용을 그대로 반영한다.

2) 언어로 표현한 의견은 공개적으로 받아 적는다.

3) 글로 쓴 의견은 모두가 보이는 곳에 붙이는 것으로 반영된다.

4) 참여자의 이야기가 지나치게 길 때는 요약한 내용을 요청한다.

(4) 실습

1) 6인 1조가 되어 접착메모지를 7장씩 분배한다.

2) 각자 첫 장에 임의의 단어나 그림을 그린다.

3) 그림은 잘 그리는 것보다 알아보기 쉽지 않게 그리는 것이 더 좋다는 멘트와 함께 편안하게 그리도록 안내한다.

4) 오른쪽 옆에 있는 참여자에게 전달한다.

5) 아래 그림과 같이 앞 장이 단어이면 다음 장에 그림을 표시하고, 앞 장이 그림이면 다음 장에 그림의 의미를 담은 단어를 쓴다. 앞 장은 떼어 맨 뒤쪽에 붙인다.

6) 이런 과정을 반복하다가 자신의 것이 첫 장인 노트가 오면 얼마나 정확히 의미 전달이 되었는지 전체를 차례차례 비교해 본다.

7) 조에서 함께 공유한다.

(5) 상호작용

- 샘 케이너의 상호작용 20가지를 소개한다.[4]

1) 바꾸어 말하기(Paraphrasing)

2) 이끌어 내기(Drawing people out)

3) 따라 말하기(Mirroring)

4) 아이디어 모으기(Gathering ideas)

5) 잡아 두기(Stacking)

6) 추적하기(Tracking)

7) 장려하기(Encouraging)

8) 균형 잡기(Balancing)

9) 경청하도록 돕기(Helping people listen to each other)

10) 침묵하는 사람에게 공간 주기(Making space for a quiet person)

11) 감정 알아채기(Acknowledging feelings)

12) 유효화하기(Validating)

13) 공감하기(Empathizing)

14) 의도적 침묵하기(Intentional silence)

15) 연결하기(Linking)

16) 논리듣기(Listening for the logic)

17) 다름을 정당화하기(Legitimizing differences)

18) 공통기반 경청하기(Listening for common ground)

19) 이해관계자로서 경청하기(Listening with a point of view)

20) 요약하기(Summarizing)

---

4) 샘 케이너 외, 구기욱 역, 『민주적 결정방법론: 퍼실리테이션 가이드』, Koofa Books

3. 기록의 기술

(1) 개요

- 워크숍의 결과가 기록으로 남아야 하는 것은 두말할 필요가 없다. 문제는 개인적인 기록은 시간이 지나면서 각자의 해석과 의미가 달라짐으로 집단이 함께 공감되는 방식으로 이루어져야 하기에 기록하는 기본기는 중요하다.

(2) 진행 방법

1) 말로 의견을 모을 때는 칠판이나 이젤패드에 받아 적는다.
2) 가능하면 참여자의 단어를 바꾸지 말고 기록한다.
3) 일방적으로 요약하지 않는 것이 좋지만 피치 못할 경우는 의견을 낸 참여자에게 승낙을 받고 요약하거나 한 문장으로 요청하여 기록한다.
4) 접착메모지를 활용할 때는 의견들을 벽에 부착했을 때 모두가 볼 수 있도록 굵은 마커펜 등으로 기록하게 하며 접착메모지 한 장에 한 가지 의견을 구체적으로 기록하게 한다.

(3) Tip

1) 받아 적을 때는 문단 앞에 도형이나 색깔을 활용하는 것이 좋다.
2) 접착메모지에 기록이 익숙하지 않아 의견을 말로 할 때 여분의 접착메모지에 대신 기록하여 붙여 주는 것이 좋다.

(4) 실습

1) 각 테이블에서 한 사람이 퍼실리테이터 역할을 맡는다.
2) 각자가 생애에서 가장 행복했던 순간을 떠올려 보게 한다.

3) 두 사람이 짝을 지어 그 순간을 나누어 본다.

4) 퍼실리테이터는 플립차트에 행복했던 순간과 이유를 기록한다.

5) 이유 전체를 포함하는 단어 하나를 찾아본다.

(5) 그림으로 기록하기

1) 그림으로 표현하는 것은 좌뇌와 우뇌를 동시에 사용하게 한다.

2) 공감대를 형성하고 오래 기억에 남게 한다.

3) 그림은 창의적이고 다양하고 폭넓은 아이디어 발상을 돕는다.

4) 실제적인 그림보다 도형 수준의 단순화된 그림을 그린다.

5) 사람(People), 장소(Place), 화살표(Process), 말풍선(Speech), 텍스트(Text), 색깔(Color), 효과(Effects) 순으로 그린다.[5]

6) 사람은 아래와 같이 스틱맨(Stick Man), 스타맨(Star Man), 아이맨(I Man) 등으로 단순화해서 그린다.

4. 에너지 관리의 기술

(1) 개요

– 사람은 다른 사람의 지지와 인정을 받을 때 자신감이 생기고 생각이 열린

---

5) http://youtu.be/S5DJC6LaOCI(Learning Graphic Facilitation 참조.

다. 토론이나 참여 문화에 익숙하지 않은 우리 한국인에게는 더욱 그렇다. 퍼실리테이터는 참여자가 자신감 있게 자신의 의견을 피력할 수 있도록 도와야 한다. 다른 사람의 의견을 바라보고 듣고만 있어도 참여는 이루어지지만 적극적인 참여라고 할 수는 없다.

(2) 진행 방법

1) 퍼실리테이션을 시작할 때 모두의 의견을 반영할 것이라고 선언한다. 반영할 수 없는 부분에 대해서는 미리 설명이 필요하다.
2) 참여자 모두가 결정권이 있음을 강조한다.
3) 공동체가 반영할 수 없는 경계선을 퍼실리테이션 이전에 이야기해 준다.
4) 에너지를 높이기 위해서 쾌적한 장소와 간식을 준비한다.
5) 잘 설계하여 효과적으로 진행한다.

(3) Tip

1) 에너지 업이 필요한 참여자를 관찰하다가 잘하는 점을 발견했을 때 인정하고 칭찬한다.
2) 참여자가 가치 있게 여기는 부분에 대해서 지지한다.

(4) 실습

1) 전체가 둥글게 둘러선다.
2) 짝끼리 서로 3가지 인정의 말을 서로 나눈다.
3) 다음의 과정을 반복한다.
  - 팀에 합류시키고 싶은 한 참여자를 논의하여 모셔 온다.
  - 어떤 점이 좋아서 모셔 왔는지 이유를 한 가지씩 돌아가며 나눈다.
  - 초대받은 참여자의 생각을 들어 본다.

4) 한 팀이 여섯 사람이 될 때까지 계속한 후 그대로 한 팀이 되어 같은 테이블에 앉는다.

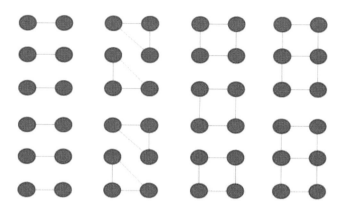

M4 퍼실리테이션 절차와 도구(Instrument)

1. 아이디어 표현

□ 생각 적기

(1) 개요

– 브레인스토밍(Brain storming)의 대표적인 방법으로 참여자가 내는 의견을 퍼실리테이터가 일목요연하게 받아 적는 방법이다.

(2) 진행 방법

– 퍼실리테이터가 칠판이나 이젤패드에 받아 적는다.
– 참여자가 아이디어를 내는 대로 기록한다.
– 임의로 다른 단어로 바꾸거나 요약하지 않는다.
– 받아 적는 것 자체가 의견을 반영하는 것이다.
– 모호한 의견은 다시 질문하여 알아본다.

(3) Tip

– 참여자가 적기 어려울 만큼 긴 이야기를 하면 한 문장으로의 요약을 주문한다.
– 퍼실리테이터가 요약해서 적을 경우 발언자에게 확인을 거친다.

□ 임의단어법(Random Word)

(1) 개요

- 임의의 단어나 물건을 선택하여 관련된 아이디어를 모으고 그 아이디어들을 주제와 강제로 연결시키는 방법이다.

(2) 진행 방법

- 주변에 보이는 물건을 선택한다.
- 신문이나 잡지에 볼펜을 떨어뜨려 떨어진 위치의 단어를 선택한다.
- 단어집에서 임의의 단어를 선택할 수도 있다.
- 주사위를 2회 던져 아래 도표에서 가로 열, 세로 행에 해당하는 단어를 선택할 수도 있다.

	1	2	3	4	5	6
1	자동차	책	나무	핸드폰	바다	군대
2	사진	도시	기계	게임	과학	미래
3	빛	사랑	열매	맛집	비행기	카메라
4	등산	과일	돈	집	이웃	편의점
5	드라마	수영	여행	스타	로봇	인기
6	선수	나이	여론	전기	병원	마켓

- 브레인스토밍으로 선택한 물건의 특성을 받아 적는다.
- 선택한 물건이나 단어 위에 주제를 기록한 접착메모지를 붙인다.
- 물건이나 단어를 주제와 연결하여 추출된 단어에서 연상되는 아이디어를

접착메모지에 적어 연결되는 특성 옆에 붙인다.

(3) Tip

- 임의의 단어와 주제를 강제로 연결시키는 강제연상법으로 분류한다.
- 주제와 관련이 전혀 없게 느껴지는 단어라도 무관하다.
- 위의 사진은 책을 펴놓고 볼펜을 떨어뜨려 떨어진 위치의 단어인 '자연'을 생각하면 떠오르는 단어들을 보드마커로 써 놓고 '건강을 위한 방법'이라는 워크숍 주제를 연결하여 아이디어를 도출하였다. '건강'에 관한 내용을 접착메모지에 기록한 이유는 다시 수렴하고 요약해야 할 내용이기 때문이다.

□ 6-3-5 Brainwriting

(1) 개요

6명이 3개의 아이디어를 5분간 기록하는 방법이다. 브레인라이팅[6]은 브레인스토밍 중에서 기록하면서 아이디어를 발산하는 방법이다.

(2) 진행 방법

- 참여자 6명씩 한 조가 되어 테이블에 둘러앉는다.
- 아래 사진과 같이 각자 A4용지에 접착메모지 3장을 붙인다.
- 주제와 관련하여 3개의 아이디어를 문장으로 기록한다.
- 다음 참여자에게 넘기는 데 5분 정도의 여유를 준다.
- 6번 반복하면 $6 \times 6 \times 3 = 108$개 정도의 의견이 산출된다.

---

6) 독일 잡지 『Absatzwirtschaft』의 Bernd Rohrbach가 개발한 브레인스토밍 도구다.

(3) Tip

- 접착메모지 1장에 1개의 아이디어를 마커로 크게 적는다.
- 아이디어는 형용사, 명사, 동사를 사용해 구체적으로 기록한다.

□ **리치 픽처(Rich Picture)[7]**

(1) 진행 방법

- 두 사람씩 짝을 지어 주제와 관련된 경험을 나눈다.
- 전지를 조별로 펼쳐 놓는다.
- 보드마커나 파스텔을 사용한다.

---

7) Soft Systems Methodology에서 사용하는 도구로 Rich는 Detail을 의미하며 참여자가 주제를 깊이 생각하고 이해하게 하는 방법이다.

- 제목 기록할 자리를 남기고 각자 그릴 그림의 위치를 협의한다.
- 실제로 경험한 장면을 표현한다.
- 그림, 상징, 스케치, 캐릭터, 문장 등으로 표현할 수 있다.
- 완성 후 조별로 전체를 아우르는 제목을 붙인다.

(2) Tip

- 문장을 쓴 참여자는 나중에 그림을 그리게 하고, 그림을 그린 참여자는 말
  풍선 등으로 설명을 더하게 한다.
- 제목은 각자 대표 단어(명사, 동사, 부사, 형용사, 전치사, 접속사 모두 가
  능)를 쓰게 하고 연결해서 문장을 만든다.

□ 월드 카페(World Cafe)[8]

(1) 개요

- 카페와 같은 분위기와 공간에서 많은 참여자들이 함께할 수 있는 간단하고 효과적이며 유연한 형식의 퍼실리테이션 방법이다.

(2) 진행 방법

- 설정: 카페와 같은 분위기를 연출하고, 각각의 원형 테이블에는 5개 이하의 의자를 세팅하여 환경을 조성한다.
- 환영 및 소개: 퍼실리테이터는 환영 인사와 더불어 월드카페 진행 과정에 대해 소개하고 안내한다.
- 조별 토론: 조별로 약 20분간 워크숍 주제에 대하여 토론한 후 새로운 테이블로 이동한다. 각 테이블에 호스트 한 사람은 남아서 새로 이동해 온 참여자들을 환영하고 이전에 토론했던 내용을 간략하게 공유한다.
- 질문: 호스트 주도하에 돌아가며 자기소개를 한 후 준비된 질문으로 토론을 시작한다.
- 결과물: 각 라운드에서 얻은 결과를 공유한다. 결과물은 다양한 모양으로 표현할 수 있으며, 그래픽 퍼실리테이션으로 꾸미면 더욱 효과적이다.

(3) Tip

- 기본적인 기법은 간단하고 습득하기 어렵지 않지만 적절한 질문 작성이나 목적이 복잡한 경우에는 숙달된 진행이 필요하다.

---

8) David Isaac, Juanita Brown이 만든 기법, http://www.worldcafe.com 참조.

□ ERRC[9]

(1) 진행 방법

- Eliminate, Reduce, Raise, Create로 구성된다.
- 개선이 필요한 서비스나 제품을 선택한다.
- 해당 서비스나 제품의 가치들을 나열한다.
- Eliminate 방해하는 요소이기 때문에 제거할 것을 먼저 찾아본다.
- Reduce 낭비하는 요소이기 때문에 줄일 것을 찾아본다.
- Raise 지금도 하고 있지만 비중을 더 늘려야 할 것을 찾아본다.
- Create 새롭게 추진하거나 만들어야 할 것을 찾아본다.

(2) Tip

- 없앨 것부터 시작하는 순서에 유의하자.
- 제거/감소에 해당되는 부서의 반발을 불러올 수 있음을 감안하자.

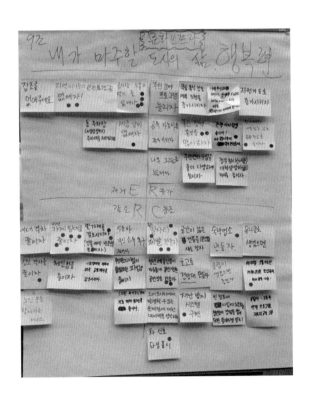

---

9) 김위찬 · 르네 마보안, 『블루오션 전략』(2005), 교보문고

□ 육감도

(1) 진행 방법

- 시각(Eye), 청각(Ear), 미각(Tongue), 후각(Nose), 촉각(Body), 육감
  (Mind) 또는 영감(Instiration)의 관점에서 아이디어를 발상하는 도구다.
- 사람의 감각의 관점을 참고로 한다.
- 행사를 준비할 때나 제품을 개발할 때 활용하기 좋은 도구다.

(2) Tip

- 단계별로 한 가지씩 질문을 진행하지 않고 여섯 가지 관점에서 생각나는 대
  로 발상하게 하는 것이 좋다.

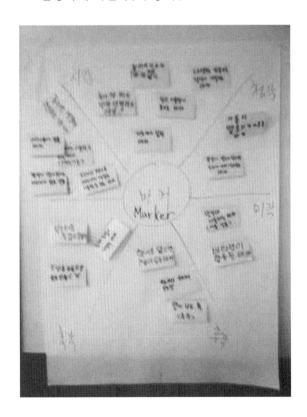

□ **지역(문제) 지도**

(1) 진행 방법

- 마을공동체, 도시재생, 사회적 기업 등 지도를 바탕으로 하여 문제점을 찾
  거나 마을의 자산을 찾는 데 유용하다.
- 지도는 인쇄된 지도를 활용할 수도 있고, 참여자들이 전지에 직접 그려 넣을
  수도 있다.
- 문제나 자산을 접착메모지에 기록하여 관련된 지도의 해당 지점에 부착한다.

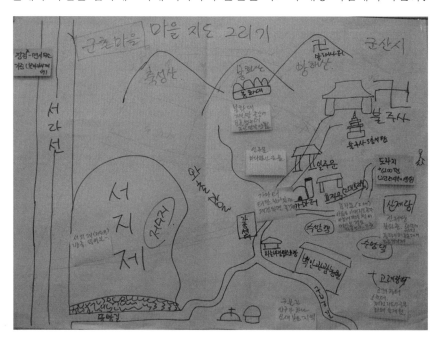

(2) Tip

- 전지에 참여자들이 지도를 직접 그려 넣을 경우 지도의 정확도는 크게 중요
  하지 않다.

□ 5Whys[10]

(1) 개요

- 문제의 원인을 찾기 위한 반복적인 의문문 기법이다. "왜?"라는 질문을 반복함으로 문제의 근본적인 원인을 파악하는 것이다. 각 단계에서의 답은 다음 질문의 기초가 된다.

(2) 진행 방법

- "왜?"라는 질문은 강력한 질문이지만 어감이 강해서 참여자의 마음이 불편할 수 있으므로 퍼실리테이터는 "어떤 이유인가요?", "무엇이 원인일까요?"
- 반드시 5번이어야만 하는 것은 아니다. 3번 반복할 수도 있고, 7번 반복할 수도 있다.
- 드러난 결과는 크지만 근본 원인은 해결하기 어렵지 않은 작은 문제일 수 있다.
- 참여자가 답하는 내용을 경청해야 다음 질문으로 연결할 수 있다.

(3) Tip

- 모든 문제의 원인이 하나만은 아닐 수 있으므로 복잡한 경우는 다음 절의 Logic Tree를 적용하는 것이 바람직하다.

---

10) Sakichi Toyoda에 의해 개발되었으며 Toyota Motor Corporation 내에서 사용된 도구다.

(4) Washington DC의 제퍼슨 기념관 사례

Why 질문	대답
왜 관광객이 감소했는가?	**벽면 대리석이 부식이 되어서**
왜 대리석 벽이 부식되었는가?	너무 강한 세제를 사용해서
왜 그렇게 강한 세제를 사용하는가?	비둘기 분뇨가 많아서
왜 그곳에 비둘기가 많은가?	비둘기의 먹이인 거미가 많아서
왜 그곳에 거미가 많은가?	거미의 먹이인 나방이 많아서
왜 그곳에 나방이 많은가?	조명을 빨리 켜고 퇴근해서

□ 명목집단법(Nominal Group Technique)

(1) 개요

- 토론하지 않고 자유롭게 각자 자신의 의견을 기록하고 그중 하나를 선택하는 기법이다.

(2) 진행 방법

- 퍼실리테이터가 제시한 주제에 대해 조용히 각자의 아이디어를 접착메모지에 작성한다.
- 참여자들이 돌아가며 자신의 아이디어를 발표하고 퍼실리테이터가 모든 아이디어를 모아서 이젤패드에 기록한다.
- 부착된 아이디어를 보고 추가 의견을 제출할 수 있으며, 이때는 토론하고 질문할 수 있다.
- 모아서 기록된 아이디어들을 대상으로 투표하여 가장 많은 표를 얻은 아이디어가 선택된다.

(3) Tip

- 말로 의견을 내는 것이 아니고 서면에 의견을 기록하여 제출하는 것이므로 자유롭게 자신의 의견을 제시할 수 있다.
- 투표 시 한 사람이 하나의 의견에 투표하지 않고 다중투표로 진행하는 것이 좋다.

□ 인과관계도(Causal Relationship)

(1) 개요

- 일차적으로 발상한 10개 안팎의 아이디어를 중심으로 원인과 결과를 찾아보는 도구다.

(2) 진행 방법

- 데이터와 데이터 사이의 인과관계(Causal Relation)를 화살표로 연결한다.
- 중복해서 연결이 가능하며 접착메모지가 위에 붙거나 아래 붙거나 위치와는 무관하며 화살표의 어느 방향에 부착되었는가에 따라 원인의 요소 또는 결과의 요소가 된다.
- 화살표의 꼬리 방향은 원인이다. 즉, 이 의견이 있기 위해 필요한 것을 찾는다.
- 화살표의 머리 방향은 결과다. 즉, 이 의견으로 인하여 이루어지는 결과를 찾는다.
- 데이터들 간에 순환관계가 이루어지는 것이 나타나면 그것이 해당 공동체의 주요 이슈가 된다.

(3) Tip

- 순환에는 선순환과 악순환이 있으며 악순환을 해결할 수 있는 지렛대를 찾는 일이 이어질 필요가 있다.
- 선순환이면서 악순환인 경우도 있다. 선순환에 포함된 내용들로 인하여 다른 요소들을 보지 못하거나 매너리즘에 빠질 수 있기 때문이다.

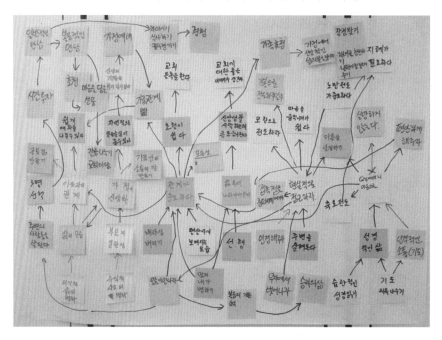

□ Gallery walk

(1) 개요

- 여러 테이블로 구성된 워크숍을 진행할 때 다른 테이블의 의견들을 참조하기 위한 도구이다.

(2) 진행 방법

- 임의단어법(Random Word)이나 Rich Picture 등의 도구를 통해 발상
한 아이디어들을 조별로 벽에 붙이면 다른 테이블의 결과물을 보기 위해 각
자 접착메모지와 보드마커를 들고 전시회를 구경하듯이 돌아본다.
- 추가하고 싶은 의견이 있으면 접착메모지에 보드마커로 기록하여 부착해
준다.
- 돌아와 자신의 테이블에도 다른 테이블의 결과물에서 참조한 의견을 추가
하여 써넣는다.

(3) Tip

- 워크숍을 설계한 시간이 남거나 부족할 때 이 도구를 넣고 빼거나 휴식 시간
과 함께 겸해서 운용하는 등의 방법으로 시간을 조절하는 데에도 유용하다.

□ 마인드맵(Mind Map)[11]

(1) 개요

- 창의력과 아이디어를 극대화시키는 도구로 주제를 중심으로 생각을 가지치기하며 의식을 확장하는 도구다.

(2) 진행 방법

- 생각의 가지가 단계를 오르내리고 자유롭게 이동하면서 새로운 조합을 만들어 낸다.
- 개인적으로는 노트를 정리할 때는 Mind Meister, Think Wise, 알마인드 등 웹이나 컴퓨터 프로그램에서 더 많이 활용된다.
- 퍼실리테이션 워크숍에서 전지를 활용할 때는 컬러펜으로 그리는 것이 살아 있는 듯 아름답고 효과적이지만 자유로운 조합을 위해 생각의 위치를 이동하려면 접착메모지와의 혼용이 더 적합하다.

(3) Tip

- 프로젝트 기획이나 워크숍의 결과물을 정리할 때도 유용하다.
- Making과 Taking 두 가지 목적으로 활용할 수 있다.

---

11) 영국의 전직 언론인 토니 부잔이 주장한 이론이다.

□ 특성요인도(Fishbone Diagram)[12]

(1) 개요

- 가시만 남은 생선 모양의 특성 요인도는 발라 먹은 살을 탐색하거나, 반대로 빈 공간에 채울 것을 모색하는 도구다.

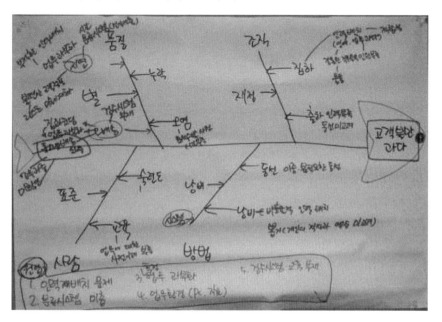

(2) 진행 방법

- 전지에 탐색할 문제를 기록할 생선 머리를 그린다.
- 생선 머리로 연결되는 중추와 4개 또는 6개의 가시를 그린다.
- 프로세스의 주요 원인이 되는 아래와 같은 범주를 정의한다.

　ㄱ. 4M: Method, Machines, Matirials, Man

　ㄴ. 4P: Places, Procedures, People, Policies

---

12) 일본의 품질 관리 통계학박사 카오루 이시카와가 발명한 것으로 이시카와 다이어그램(Ishikawa diagrams)
이라고도 한다.

ㄷ. 4S: Surroundings, Suppliers, Systems, Skills

– 브레인스토밍을 통해 각 범주에 배치될 아이디어를 토론하며 접착메모지에
기록하여 부착한다.

(3) Tip

– 근본 원인이나 결과가 탐색될 때까지 계속 찾아나간다.

□ **역장분석(Force Field Analysis)**[13]

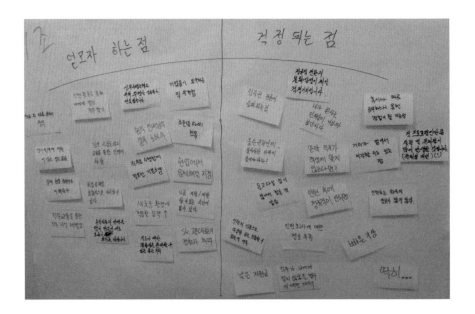

1) 끌어가는 힘과 반대하는 힘을 찾는 도구다.

– 선박에서 물은 꼭 필요하지만 있으면 안 되는 곳이 있기도 하다.

– 항공기가 비행하기 위해서는 추진력과 저항력이 동시에 작용한다.

2) 이 두 힘의 균형이 깨질 때 변화가 일어난다.

---

13) 물리학을 근거로 하여 사회심리학자 Kurt Lewis가 개발한 도구다.

3) 찬성/반대, 긍정/부정, 도움/방해, 이익/손해 등 상반된 관점에서 의견을
   모은다.

4) 그리고 긍정적 힘을 강화하고, 부정적 힘을 고려한다.

□ **Good to Great**

1) 좋은 곳에 머무르지 않고 위대한 곳으로 나아가기 위한 도구다.

2) 퍼실리테이터는 T Chart 왼쪽 위 칸에 Good을 기록한다. Great는 아직
   쓰지 않는다.

3) 주제와 관련한 창의적이고 좋은 아이디어를 각자 접착메모지에 3개씩 기
   록하게 한다.

4) 퍼실리테이터는 오른쪽 위 칸에 Great를 기록한다.

5) Good에 기록한 아이디어 하나하나에 연결되는 Good이 Great가 될 만한
   위대한 아이디어로 연결한다. 이때는 테이블에서 함께 의논하며 아이디어
   를 찾아 나간다.

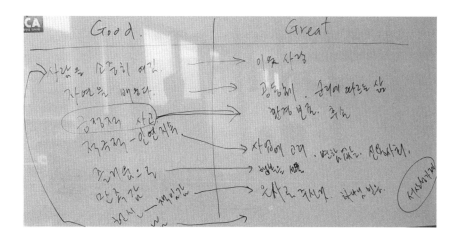

□ SCAMPER[14]

(1) 진행 방법

- Substitute(대체), Combine(결합), Adapt(적용), Modify/Magnify/ Put to other use(용도 변경), Eliminate(제거), Rearrange/Reverse (재배치/반대 방향) 7가지를 구성 요소로 하는 도구다.
- Substitute(대체)는 원리, 에너지, 재료, 색깔 등을 바꿔 보는 것이다.
- Combine(결합)은 서로 다른 아이디어나 물건 등을 결합해 보는 것이다.
  - Adapt(적용)는 비슷한 것, 흉내 낼 수 있는 것을 찾는 것이다.
- Modify(수정)는 색깔, 소리, 냄새, 형태, 의미 등을 바꾸거나, Magnify (확대) 및 Minify(축소)해 보는 것이다.
- Put to other use(용도 변경)는 다른 용도로 사용될 수 있는 가능성을 찾는 것이다.
- Eliminate(제거)는 없어도 괜찮은 부품이나 서비스나 낭비 요소를 찾는 것이다.
- Rearrange(재배치)나 Reverse(반대 방향)는 원인과 결과, 또는 위치를 바꾸어 생각하거나 순서를 뒤집어 보는 것이다.

(2) Tip

- 서비스나 제품을 개선할 때 많이 활용되며, 구체적인 범주와 관점을 정해 주기 때문에 아이디어 발상을 쉽게 할 수 있다.

---

14) 알렉스 오스본의 리스트를 에이벌이 약자로 재구성한 도구로 '달린다'라는 뜻을 갖고 있다.

□ 만다라트[15]

(1) 진행 방법

- 가로세로 3칸씩을 한 그룹으로 하여 아홉 그룹으로 구분된다.
- 가운데 있는 칸은 전체의 주제이며, 가운데 칸을 둘러싼 1부터 8까지의 8 칸은 주제에 대한 8가지의 카테고리이다.
- 8개의 카테고리를 각각의 그룹의 중앙에 있는 칸에 옮겨 적는다.
- 카테고리 주변 8개의 칸에 연상되는 아이디어를 기록한다.
- 1부터 8로 왼쪽에서 오른쪽으로 회전하며 작성한다.

(2) Tip

- 미리 카테고리를 나눈 후 아이디어를 발상하는 도구이므로 다시 수렴할 필 요가 없는 경우가 많다.
- 전지를 활용할 때 가로 세로 9칸을 그려 넣기가 어려우므로 가로 세로 3칸 씩 그린 A4 용지 9장을 붙여서 사용할 수 있다.

---

15) 일본의 디자이너 이마이즈미 히로아키가 개발한 발상 도구다. '목적을 달성한다.(manda+la)'와 '목적을 달 성하는 기술(mandal+art)'을 합친 것이다.

1-1	1-2	1-3	2-1	2-2	2-3	3-1	3-2	3-3
1-8	**1**	1-4	2-8	**2**	2-4	3-8	**3**	3-4
1-7	1-6	1-5	2-7	2-6	2-5	3-7	3-6	3-5
8-1	8-2	8-3	1	2	3	4-1	4-2	4-3
8-8	**8**	8-4	8	**주제**	4	4-8	**4**	4-4
8-7	8-6	8-5	7	6	5	4-7	4-6	4-5
7-1	7-2	7-3	6-1	6-2	6-3	5-1	5-2	5-3
7-8	**7**	7-4	6-8	**6**	6-4	5-8	**5**	5-4
7-7	7-6	7-5	6-7	6-6	6-5	5-7	5-6	5-5

2. 아이디어 분류

□ 친화도[16]

(1) 개요

- 누구나 아이디어를 많이 발상하게 하는 단계를 거쳐 아이디어를 요약하고 수렴하는 단계에서 가장 흔히 쓰는 도구다.

(2) 진행 방법

- 벽이나 게시판 같은 평평한 공간에 전지를 부착한다.
- 전지 상단에 각 그룹이 서로 다르다는 의미를 갖도록 특수 기호 약 10개를 그려 넣는다.
- 아이디어를 발상하여 나온 접착메모지들을 비슷한 내용끼리 그룹을 짓는다.
- 아이디어를 열(아래 방향)로 정리한다.
- 아이디어가 다른 그룹에 비해 너무 많으면 다시 두 그룹 이상으로 나누게 한다.
- 주제와 관련하여 자연스러운 범주에 포함되기 어려운 아이디어를 위해 주차장(Parking Lot)을 마련한다.
- 분류가 끝나면 각 그룹에 테두리를 그려 넣도록 한다.

(3) Tip

- 아이디어의 중복은 참여자들의 관심이 높다는 것을 의미한다.
- 수렴과정에서 끊임없이 주제를 상기시키는 것이 좋다.
- 한두 사람이 주로 의견을 내고 다른 참여자들은 뒤에서 동의하는 식으로 끝

---

16) Jiro Kawakita에 의해 고안되었고 그의 이름의 첫 글자를 따서 〈KJ법〉이라고도 한다.

나지 않도록 두 사람씩 짝을 지어 의논하게 하는 것이 좋다.

– 별표(☆)는 중요하다는 의미이므로 가급적 사용하지 않는 것이 좋다.

□ **이름 짓기**

(1) 개요

– 친화도와 함께 이어서 진행해야 하는 도구이다. 비슷한 아이디어의 그룹이
  생성되었으면 각각의 그룹명을 짓는 과정이다.

(2) 진행 방법

- 각 그룹에 속한 아이디어들을 담아내는 그룹명이 되기 위해서는 하나하나의 아이디어보다 더 세밀하고 구체적인 문장 형식(형용사, 명사, 동사 포함)의 이름이 되어야 한다.
- 그룹의 이름을 기록할 접착메모지는 아이디어를 기록한 접착메모지와 다른 색깔을 사용하거나 아니면 접착메모지에 테두리를 그려서 그룹의 이름임을 구분할 수 있도록 한다.
- 그룹의 이름을 기록한 접착메모지는 앞에서 그려 넣었던 특수 기호를 덮어 그 위에 부착한다.

(3) Tip

- 주제를 계속 상기시켜야 품질이 좋은 결과물을 만들어 낼 수 있다.
- 친화도와 마찬가지로 빅 마우스(Big mouth)[17]에 의해 한두 사람이 주관하지 않도록 두 사람씩 짝을 지어 의논하게 하거나 퍼실리테이터가 전체의 의견을 조율하면서 그룹의 이름을 작성하는 것이 좋다.

□ Logic Tree

(1) 개요

- Logic Tree는 수렴도구다. 가능하면 아이디어를 수렴할 때 워크숍의 주제에 맞게 정리되어야 양질의 결과물을 얻을 수 있다.
- MECE는 Logic Tree의 원칙으로 발상한 아이디어들을 수렴하고 요약

---

17) 대화를 하는 동안 주도적으로 말을 많이 하는 사람을 뜻한다. 어색한 분위기를 풀어 주는 긍정적인 면이 있지만 소극적인 참여자의 이야기를 막는 결과를 가져오기에 퍼실리테이터의 대화조절 스킬이 필요하다.

할 때 중복되는 것이 없게(Mutually Exclusive), 누락되는 것도 없게 (Collectively Exhaustive) 한다는 뜻을 가진 영어 단어의 머리글자다.

(2) 진행 방법

- 비슷한 아이디어끼리 묶어 그룹을 만들고 이름을 붙인다.
- 아이디어를 비교하여 계층의 수준을 설정한다.
- 중복되는 것, 누락되는 것이 있는지 점검한다.
- 연결선과 묶음선을 그려 넣는다.
- 근본적인 원인을 찾을 때는 앞 절의 5Whys와 같이 각 단계별로 Why를 질문하며 내려간다.
- 구체적인 해결책을 찾을 때는 각 단계별로 How를 물어 내려간다.

(3) Tip

- 가장 많이 활용되는 친화도(KJ)와 이름 짓기(Naming)로 수렴할 때도 양질의 결과물을 위해 각 그룹을 대표하는 이름이 워크숍 주제와 관련하여 논리적으로 맞는지 이 원리에 의하여 점검할 필요가 있다.

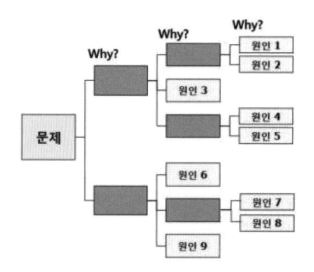

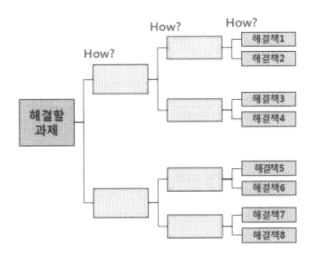

□ 아이젠하워 Matrix

(1) 진행 방법

- X축은 시급성, Y축은 중요성으로 하여 아이디어를 정렬하는 도구다. X축
  과 Y축에는 낮음(low)과 높음(high)으로 구분된다.
- 아이디어를 기록한 접착메모지를 떼어 해당되는 곳에 부착한다.
- 시급성이 높고 중요성도 높은 내용들이 단기 계획으로서 최우선순위가 된다.
- 중요성이 높지만 시급성이 낮은 내용들은 중장기 계획에 포함될 수 있다.
- 시급성은 높지만 중요성이 낮으면 아웃소싱해야 할 일이고 시급성과 중요
  성이 모두 낮은 경우는 우선순위에서 유보된다.

(2) Tip

- 평가도구인 다중투표(Multi-voting)에도 시급성과 중요성이라는 투표의
  기준이 곧잘 활용된다.

	시급성이 높음	시급성이 낮음
중요성이 높음	단기 계획	중장기 계획
중요성이 낮음	아웃소싱	아웃

☐ BCG[18] Growth-Share Matrix

(1) 진행 방법

- X축은 시장성장률, Y축은 시장점유율로 하여 아이디어를 정렬하는 도구다. X축과 Y축에는 낮음(low)과 높음(high)으로 구분된다.
- 아이디어를 기록한 접착메모지를 떼어 해당되는 곳에 부착한다.
- 시장성장률이 높고 시장점유율도 높으면 최우선순위가 되어 지속적으로 투자할 만하다.
- 시장점유율은 높은데 시장성장률이 낮으면 현금 창출에 주력하여 별(Stars)에 투자해야 할 필요가 있다.
- 시장성장률은 높은데 시장점유율이 낮으면 많이 투자하여 점유율을 높이거나 신중하게 고려해야 하는 상황이다.
- 시장성장률도 시장점유율도 낮으면 철수해야 한다.

---

18) Boston Consulting Group의 머리글자다.

(2) Tip

- 이 매트릭스의 일반적인 목적은 조직이나 공동체가 투자해야 할 브랜드와 없애야 할 브랜드를 선별하고 이해하는 것이다.

	시장성장률이 높음	시장성장률이 낮음
시장 점유율이 높음	Stars 지속적 투자	Cash Cows 현금 창출에 주력
시장 점유율이 낮음	Question marks 신중하게 고려	Poor Dogs 철수

□ Importance-Satisfaction Matrix

(1) 진행 방법

- X축은 중요한 정도, Y축은 만족도로 하여 아이디어를 정렬하는 도구다. X축과 Y축에는 낮음(low)과 높음(high)으로 구분된다.
- 아이디어를 기록한 접착메모지를 떼어 해당되는 곳에 부착한다.
- 중요도와 만족도가 높은 내용들은 최우선순위가 되어 계속 생산하고 출고할 수 있는 제품이나 서비스가 된다.
- 중요도가 낮지만 만족도가 높으면 그 다음 순위가 되지만 수위나 수량을 조절할 필요가 있다.
- 중요도가 높지만 만족도가 낮으면 고객의 요구 사항을 반영하여 개선할 필요가 있다.

– 중요도도 만족도도 낮으면 재검토가 필요하다.

(2) Tip

– 제품이나 서비스에 대하여 고객의 평가를 참조하여 차기 생산에 반영하기 위함이다.

	중요한 정도가 높음	중요한 정도가 낮음
만족도가 높음	지속 생산 출고	수위 수량 조절
만족도가 낮음	고객의 요구 사항 반영하여 개선	재검토

3. 아이디어 평가

□ Fist to Five

(1) 개요

– 이해관계가 많이 상충되지 않아 가볍게 결정할 수 있는 사안일 경우에 복잡한 과정을 거치지 않고 간단하게 결정할 수 있는 도구다.

(2) 진행 방법

– 선택해야 할 대안별로 중요한 만큼 각자 손가락을 편다.

- 0인 주먹부터 5인 보자기까지 6가지 척도로 각자 표시하여 참여자 전체가 편 손가락 수를 합산해서 가장 큰 수를 선택한다.
- 음식점을 정하기나 조별 역할을 정하는 등 가벼운 결정에 편리하다.

(3) Tip

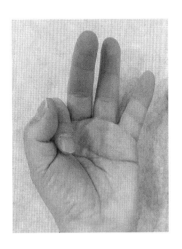

- 주먹으로 0을 표현하는 것이 예민할 수 있는 사안이면 1부터 5까지 표현하는 것으로 퍼실리테이터가 융통성을 가지고 규칙을 선언하여 적용할 수도 있다.

□ **다중투표(Multi-Voting)**

(1) 개요

- 모든 사람의 의견을 다 똑같이 소중하게 여기는 의사결정 방식이라 할지라도 모든 의견을 한꺼번에 적용할 수는 없기에 선택하는 과정은 꼭 필요하다.

(2) 진행 방법

- 조별로 도트 스티커와 문구용 가위를 준비한다.
- 한 사람이 한 표씩 던지는 다수결과 달리 다중투표는 한 사람이 여러 개의 대안을 선택하는 방법이다.
- 수렴의 과정을 거쳐 대안으로 10개 안팎의 요약된 내용들이 있을 때 대안의 수의 1/3 이상 1/2 이하로 참여자 한 사람당 도트 스티커를 나누어 투표한다.

(3) Tip

- 요약된 대안보다는 행사 이름 등 수십 개에서 100개 이상 되는 모든 의견을 대상으로 놓고 선택해야 하는 경우에는 하나의 의견에 2~3표까지 몰아서 투표할 수 있게 하는 등 융통성 있는 적용이 가능하다.

□ 의사결정표

(1) 개요

- 비교적 이해관계가 복잡하지 않은 대안을 선택하는 경우에 객관적인 수치로 의사결정을 할 수 있는 도구다.

(2) 진행 방법

- 워크숍을 통해 평가 기준을 정한다.
- 평가하고자 하는 대안이나 후보를 가로줄에 배치한다.
- 평가 기준을 세로줄에 배치한다.
- 인쇄된 도표를 개인별로 준비하거나 이젤패드에 도표를 그리고 퍼실리테이터가 항목별로 물어 기록하는 방법으로 진행한다.
- 각 평가 기준별로 평가의 범위(1~5)를 정한다.
- 각 대안에 따라 평가 점수를 기록한다.
- 특별히 중요한 평가 기준의 경우는 가중치의 부여할 수 있다.
- 합산하여 평가 결과를 비교한다.

(3) Tip

- 이젤패드에 기록할 경우 칸마다 Fist to Five를 활용할 수 있다.

여행 계획	사이판	하와이	시드니	LA
휴식 시간				
따뜻한 기후				
저렴한 비용				

지인들과의 교제				
적당한 거리				

□ **신호등**

(1) 개요

- 찬성이나 반대만 아니라 중립적인 입장까지 고려할 수 있는 의사결정 도구다.

(2) 진행 방법

- 신호등의 색처럼 빨강, 노랑, 초록을 사용한다. 빨강은 반대하는 입장 또는 다른 의견, 노랑은 중립적인 입장 또는 잘 모르겠다는 의사 표시, 초록은 찬성하는 입장 또는 같은 의견을 뜻한다.
- 세 가지 색깔의 카드를 활용할 경우 퍼실리테이터가 참여자들에게 대안 하나하나에 대하여 동시에 카드를 들어 표시하게 하여 기록한다.
- 차트를 사용할 경우 아래와 같은 표를 작성하여 참여자 개인별로 체크하여 합산할 수도 있다.

(3) Tip

- 다른 의견, 잘 모르겠다는 의사 표시, 같은 의견으로 쓸 때는 참석자의 이해 여부를 물을 때이다.

	빨강	노랑	초록
대안 1			
대안 2			
대안 3			
대안 4			

□ 3W(What, Who, When)

(1) 개요

- 육하원칙 중에서 3가지를 선택하여 실행 계획을 구체화하기 위해 질문으로 사용하는 도구이다.

(2) 진행 방법

- 워크숍의 결과물인 실행 방법이 선택이 되면 실행 방법을 위한 공동체 구성원 개개인의 구체적인 실행 계획을 세우기 위해 참여자 각자가 접착메모지 한 장에 '무엇을, 누가, 언제까지'에 대하여 기록한다.
- When은 때로 '언제부터'도 될 수 있다.
- 로드맵을 위해 아이디어 발상으로도 활용할 수 있다.

(3) Tip

- 같은 실행 계획(What)으로 '누가(Who)'나 '언제부터(When)'가 다를 수 있는데 로드맵을 참여자들이 토의를 거쳐 스스로 배열하게 되므로 퍼실리

테이터는 크게 고민할 필요는 없다.

□ RACI

(1) 개요

– 실행안에 대하여 역할과 책임을 명확히 하기 위한 도구이다.

(2) 진행 방법

– 역할과 책임은 담당자, 승인자, 조언자, 전달자로 구분된다.

– 담당자(Responsible)는 실행안을 책임지고 담당할 사람

– 승인자(Accountable)는 허락이 필요한 실행안을 승인해 줄 사람

– 조언자(Consulted)는 실행을 위해 조언해 줄 전문가나 이해관계자

– 전달자(Informed)는 실행력을 높이기 위해 실행을 알릴 대상자

(3) Tip

– 여기저기 이야기해 놓았는데 막상 실행을 못하면 민망해서라도 실행할 수
밖에 없게 환경을 만드는 전달자도 중요한 요소다.

	대표	부장	과장	대리
실행 1	E	A	R	C
실행 2	R	E	A	C
실행 3	C	E	A	R
실행 4	A	R	C	E

□ **로드맵**

(1) 개요

- 조직이나 공동체를 결성하거나, 또는 전략이나 실행 방안 그리고 비즈니스
  에 필요한 요구 사항, 예산과 개발 및 구현 시간 등에 대하여 일목요연하게
  시간 순으로 나열하여 문서화하는 도구다.

(2) 진행 방법

- 전지에 전체적으로 필요한 시간을 구분하되 가까운 장래는 넓은 공간을 할
  애하고 미래로 멀리 갈수록 좁은 공간을 할애한다. 공간의 구분은 연 단
  위, 월 단위, 주 단위, 일 단위 등 상황에 맞게 한다.
- 실행 방안이나 요구 사항 등의 실행 시간, 또는 시작 시간이나 마감 시간을
  추가하여 접착메모지에 각자 기록한다.
- 기록한 접착메모지를 전지의 해당되는 공간에 부착한다.

(3) Tip

    – 로드맵에 해당되지 않는 의견이 나왔을 때는 주차장에 부착하고, 무관한 의견이 많으면 주차장도 그룹으로 묶고 이름을 붙인다.

    – 전지 한 장이 부족하면 한 장을 추가하여 시간대를 나눈다.

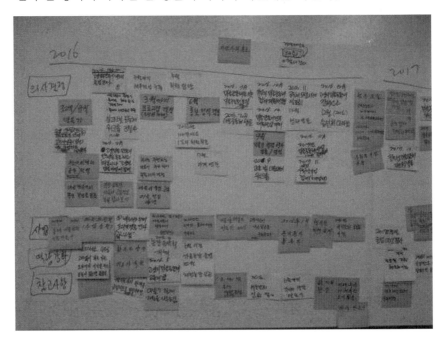

☐ A4 Sheet(요약)

(1) 개요

    – 여러 개의 조로 구성하여 진행되는 워크숍에서 집약된 의견을 한눈에 보기 위해서는 조별로 요약된 내용을 한곳에 게시할 필요가 있으므로 A4 용지를 활용한다.

(2) 진행 방법

- 아이디어를 발상하고 수렴하고 선택한 내용을 A4 용지에 보드마커로 크게 요약해서 기록한다.

- 조별로 요약된 A4 용지들을 지정한 장소에 모아 부착한다.

- 참여자 모두가 나와서 부착된 내용을 공유한다.

(3) Tip

- 조별 요약은 한 문장으로 자세하게 표현한다.

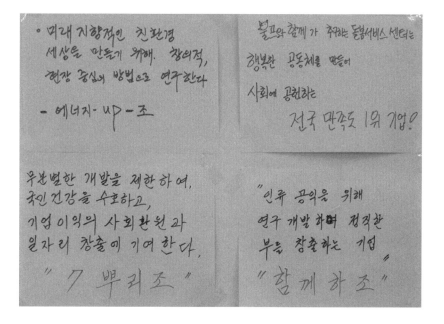

□ **보고서 작성**

(1) 개요

- 퍼실리테이션과 컨설팅의 공통점은 컨설팅 도구를 사용한다는 점이며, 차이점은 전문가인 컨설턴트가 내용을 담는 것이 아니라 거의 공동체의 구성

원으로 이루어지는 참여자에 의해 내용을 담는다는 점이다. 그럼에도 불구하고 메인 퍼실리테이터는 설계를 하고 컨설팅 도구를 활용하는 등 전문적인 책임이 있기에 워크숍의 과정과 결과물을 담은 보고서를 작성해서 보내야 한다.

(2) 진행 방법

- 워크숍이 끝나고 나면 메인 퍼실리테이터는 테이블 퍼실리테이터들에게서 조별 보고서 양식을 보내서 양식에 따른 보고서를 받아 취합하여 전체 보고서를 작성한다.
- 전체 보고서는 표지와 워크숍 순서를 포함할 수 있으며, 테이블 퍼실리테이터들로부터 받은 조별 보고서가 그 뒤를 잇는다.
- 조별 보고서는 워크숍 진행 단계별 결과물의 사진과 결과물을 문서로 정리한 내용 그리고 활동사진 등으로 구성된다.
- 마지막에는 메인 퍼실리테이터의 소감이나 제안 사항을 추가한다.

(3) Tip

- 투표에 의해 우선순위 대안으로 선택된 내용은 물론 득표를 많이 하지 못한 내용까지도 득표순으로 보고서에 모두 기록해서 보내는 것이 좋다.

M5 ▶ 퍼실리테이션 기획(Grid)

1. 스폰서 인터뷰

(1) 개요

- 공동체 개발을 위해 워크숍을 기획하는 담당자와 참여자가 될 공동체의 구성원이 서로 다르기에 담당자 및 주요 임원들을 사전에 만나 상황을 파악해야 워크숍을 잘 설계할 수 있다.

(2) 사전 인터뷰 내용

1) 요청 기관
   - 기관명, 대표자, 주소, 홈페이지, 담당자, 연락처
2) 요청 내용
   - 주제, 목적, 워크숍 제안 이유
   - 목적: 비전 수립, 전략 개발, 문제 해결, 갈등 해결, 창의 개발 등

(3) 워크숍 개요

- 일정, 사전미팅, 대상 인원, 직급 분포, 장소, 지원 물품, 예산 규모

(4) 조직진단

- 퍼실리테이션 경험, 현황, 최근 이슈, 문제점, 결과물

(5) Tip

1) 워크숍 2개월 전부터 최소 2회가 필요하다.

2) 가능하면 워크숍을 진행할 장소도 미리 살펴보는 것이 좋다.

3) 다음의 'SMART+a' 조건을 위해서는 육하원칙(5W1H) 질문이 좋다.

(6) 목표 설정 조건 SMART+α

1) Specific(명확성)

2) Measurable(수치 측정 가능성)

3) Achievable(달성 가능성)

4) Realistic(현실 기반성)

5) Time-bound(시간 제한성)

6) agreement(합의 가능성)

(7) 실습

1) 6인 1조로 진행한다.

2) 한 사람은 퍼실리테이터가 되고, 5명은 각각 가상 공동체의 워크숍 기획자, 공동체 대표, 팀장들로 구성되어 모의 인터뷰를 진행한다.

3) 어떤 결과물이 산출되어야 하는지 의논하고 공유한다.

2. 워크숍 설계

(1) 개요

- 설계는 건축공학에서 시작되었다. 그 뒤를 이어 소프트웨어공학에서도 컴퓨터 속도가 빨라지고 프로그램 크기가 커지면서 설계를 필요로 하게 되었다. 그 순서는 ADDIM, 즉 Analysis, Design, Development, Implementation, Maintenance 순이다. 이를 교육공학에서 응용하여 Maintenance를 Evaluation으로 대체한 ADDIE 모형이 등장했다. 효과적인 워크숍 진행 절차를 위해서는 설계가 필요하다.

(2) 퍼실리테이션 주제별 설계

- 미션 및 비전 수립
- 전략 수립
- 창의 개발
- 문제 및 갈등 해결

(3) Aschner-Gallagher 상호작용 절차

- 인지경험 단계(Low order Convergent)
- 확산 단계(High order Convergent)
- 수렴 단계(Low order Divergent)
- 평가 단계(High order Divergent)

(4) 예시

- 설계는 텔레 클래스에서 90분씩 두 차례 실습한다.
- 아래 도표는 소그룹 리더들의 워크숍 설계 사례다.

시간	구분	세부 내용	도구

20분	- 오프닝
	- 아이스브레이킹
	- 조장 선출/타임키퍼/
	  간식 담당/클리너
		- 진행자 소개, 헌신 칭찬, 오늘의
		  약속, 오늘의 일정 안내
		- 다섯 사람과 질문 나누기
		- 정리와 기록을 잘하는 분
			- 질문느낌
			  카드
			- 전지

30분	- 내가 경험한 소그룹 감 동 그리기 - 전체 그림 둘러보기	- Pair Talk (조장 중심 오른쪽 둘씩) - Rich Picture - Share(조별) - Gallery Walk	- 전지
30분	- 우리의 소그룹 점검 Equal/Needs/Obstacle - Grouping	- 내가 생각하는 소그룹이란? - 소그룹이 왜 필요한가요? - 소그룹의 어려운 점은 무엇인가요?	- 전지 - 접착메모지
20분	- 공감하기	- EN의 공감도 다중투표 - 투표한 내용들에 대한 심화토의	- 도트 스티커 - 가위
30분	- 날개 달기	- ENO 고려하여 더 잘될 수 있는 방안(Way) 찾기	- 접착메모지
10분	- 보태기와 소감 - 마무리	- 행복한 소그룹 위해 내가 담당할 것 - 응원 메시지	- 전지 - 접착메모지

(5) 워크숍 인터뷰 질문

1) 개선하고자 하는 과정은?

　- 프로젝트의 범위와 개선하는 이유는?

　- 이 과정의 개선을 알 수 있는 기준과 방안은?

　- 개선이 될 때 가장 혜택을 받는 사람이나 조직은?

2) 이 과정의 목적은?

　- 목적을 모든 공동체가 공유하고 있는지 그 여부는?

3) 프로젝트가 끝날 때까지 성취하기 원하는 것은?

4) 프로젝트 진행에 도움이 되는 자료의 준비는?

5) 성공에 영향을 줄 수 있는 팀에 대해 제공할 수 있는 정보는?
  – 팀으로 만난 경험 여부는?
  – 전에 퍼실리테이터와 함께한 경험은?
  – 전에 경험한 퍼실리테이션에 대한 평가는?
  – 팀으로 함께하는 중점 영역은?

6) 퍼실리테이터에 대한 기대는?

7) 최근 이슈는?
  – 퍼실리테이션에서 건드리면 안 되는 영역은?
  – 지켜야 할 규칙이 있다면?

8) 워크숍 전에 담당자 외에 이야기해야 할 사람이나 팀은?

9) 워크숍 결과를 문서화할 책임자는?

(6) 워크숍 인터뷰 Sheet

작성자						작성일			
요청 기관	기관명					대표자			
	주소					홈페이지			
	담당자	부서			성함			이메일	
	연락처	전화			팩스			핸드폰	
요청 내용	주제	비전 수립	전략 도출	갈등 해결	조직 변화	창의 개발	기타		
	목적								
	워크숍 제안	부서/성함			제안 이유				
	알게 된 경로								
워크숍 개요	일정	20 년 월 일 ( ) 시 - 월 일 ( ) 시 (박 일)							
		1차 미팅	2차 미팅	사전 방문 (장소)	워크숍 실시		결과 보고 (종료)		
	(관리 일정)								
	(연계 일정)								
	대상			인원		명		남 명 여 명	
	참여자 직위 분포	공무원	지원센터	주민 대표					
	참여자 직책 분포	대리	과장	부장	국장				
	장소								
	(장소 특징)								
	지원 물품								
	예산			원(VAT 별도)	예산 구성안				
공동체 진단	과거 워크숍 진행 경험								
	현황(실태)								
	최근 이슈								
	문제점								
	요청 내용								
담당자 요청 사항							(선호 방식, 기피 주제 등)		

3. 환경 점검

(1) 개요

   – 서로의 의견을 교환할 수 있는 환경을 준비해야 워크숍을 차질 없이 진행할 수 있다. 적어도 워크숍 1시간 전에 도착하여 설치하고 준비해야 한다.

(2) 장소 선정

   1) 크기: 강의실 구조에 비해 참여 인원 비례 2~3배 규모

   2) 좌석: 테이블당 6~8명의 원탁 또는 사각테이블

(3) 설치물

   1) 전면: 오늘의 순서, 오늘의 약속(그라운드룰)

   2) 후면: 오늘의 소감, 질문의 벽

   3) 결과물을 붙일 수 있는 벽이나 파티션

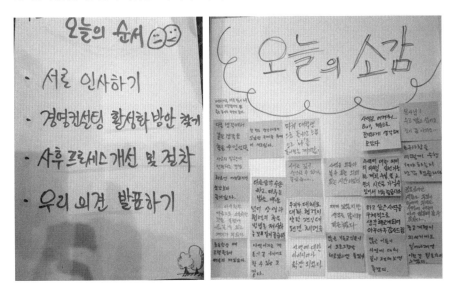

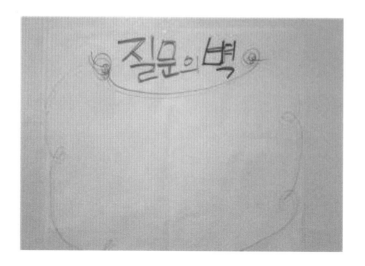

(4) 준비물

1) 이젤스탠드, 이젤패드(전지와 투명테이프로 대체 가능)

2) 접착메모지

3) 다양한 색상의 보드마커

4) 크레파스

5) A4용지

6) 도트 스티커(1㎝), 문구용 가위

7) 넉넉한 간식

4. 워크숍 디자인

마음 열기	아이디어 표현	아이디어 분류	아디이어 평가
DISC	생각적기	친화도	Fist to Five
공감지도	임의단어법	이름짓기	다중투표
조 편성	6-3-5 Brainwriting	Logic Tree	의사결정표
인간빙고	리치픽쳐	아이젠하워 Matrix	신호등
주먹탑 쌓기	월드카페	BCG Growth-Share Matrix	3W
사진 활용	ERRC	Importance-Satisfaction Matrix	RACI
텔레파시 게임	육감도	Payoff-Effort Matrix	로드맵
캐릭터나무	지역(문제) 지도	STP 분석	A4 Sheet(요약)
연대기	5 Whys	PEST 분석	보고서 작성
페르조나	명목집단법	SWOT 분석	
	인과관계도	BIZ Model Canvas	
	Gallery walk		
	마인드맵		
	특성요인도		
	역장분석		
	Good to Great		
	SCAMPER		
	만다라트		
	ENOW		
	사회적 요소		
	통합 비전		
	고객여정지도		
	이해관계자지도		

5. 참여의 사다리[19]

(1) 개요

- 구성원들의 참여의 정도를 단계적으로 표현하기 위해 사다리를 활용하여 구성한 도표

(2) 단계별 의미

- 정보(Inform): 전문가가 일방적으로 정보를 전달하는 단계로 참여자는 정보를 수동적으로 받게 된다.
- 자문(Consult): 전문가가 공동체를 분석하고 연구한 결과를 제공하는 단계이다.
- 의견(Involve): 참여자의 의견을 공동체에 제시한 의견이 반영되는 단계이다.
- 협업(Collabo): 참여자가 의견만 제시할 뿐 아니라 함께 파트너가 되어 운영에 참여하는 단계이다.
- 위임(Empower): 참여자가 주도적으로 운영의 주체가 될 수 있는 단계이다.

---

19) S. R. Arnstein(1969) A Ladder of Citizen Participation, Arnstein은 8단계로 구분하였으나 여기에서는 단순한 이해를 돕기 위하여 5단계로 요약하여 소개한다.

퍼실리테이터 되기(Navigate)

1. 퍼실리테이터의 역량[20]

A. 고객과의 협력적인 관계 구축

A1. 사업 파트너십 개발

- 명확한 상호 약속

- 과업, 결과물, 역할 및 책임에 대한 개발 합의

- 공동 진행 퍼실리테이션에서의 협업 가치 및 프로세스 설명

A2. 고객의 요구사항을 충족하는 애플리케이션 설계

- 조직 환경 분석

- 고객의 요구사항 진단

- 의도한 결과를 얻기 위한 적절한 디자인

- 고객과 함께 양질의 결과를 미리 정의

A3. 다중 세션 이벤트를 효과적으로 관리

- 범위 및 결과물에 대해 고객과 계약

---

20) https://www.iaf-world.org/site/professional/core-competencies

- 이벤트 계획 개발

- 성공적인 이벤트 진행

- 이벤트 또는 프로젝트의 모든 단계에서 고객 만족도 평가

B. 적절한 그룹 프로세스 계획

B1. 명확한 방법과 프로세스 선택

- 고객 문화, 규범 및 참여자의 다양성 존중을 통한 열린 참여 촉진

- 다양한 학습 또는 사고 스타일을 가진 사람들의 참여를 장려

- 고객의 요구를 충족시키는 높은 수준의 결과

B2. 그룹 프로세스를 지원할 시간과 공간 준비

- 회의 목적을 지원하기 위한 물리적 공간 배치

- 효과적인 시간 사용 계획

- 세션에 효과적인 분위기와 드라마 제공

C. 참여 환경 조성 및 유지

C1. 효과적인 참여 및 대인 커뮤니케이션 기술

- 다양한 참여 프로세스 적용

- 효과적이고 활기찬 의사소통 능력

- 참가자들과의 관계 형성

- 적극적인 듣기 연습

– 참가자 관찰 및 피드백 제공 능력

C2. 다양성을 존중하고 인정하는 포용성 보장

– 모든 참가자의 경험과 인식에 대한 긍정적 관심을 장려

– 안전과 신뢰의 분위기 조성

– 참가자들이 그룹의 다양성을 활용할 수 있는 기회 제공

– 문화적 인식과 감성 함양

C3. 그룹 갈등관리

– 개인의 정체성을 살리고 검토하도록 지원

– 그룹 학습과 성숙도 안에서의 갈등과 그 역할 인식

– 표면적인 갈등에 대한 안전한 환경 제공

– 파괴적인 그룹 행동 관리

– 갈등 해소를 통한 그룹 지원

C4. 그룹의 창의력 재현

– 모든 학습/사고 스타일의 참가자를 끌어냄

– 창의적 사고 장려

– 모든 아이디어 수용

– 그룹의 필요와 능력에 가장 적합한 접근 방식 사용

– 그룹 에너지 자극

D. 적절하고 유용한 결과를 위한 그룹 안내

D1. 명확한 방법과 프로세스로 그룹을 안내

- 세션에 대한 명확한 상황 설정
- 그룹의 감각을 이끌어 내기 위한 적극적인 경청, 질문, 요약
- 접촉점을 인식하고 과업을 통해 전환
- 소규모 및 대규모 그룹 프로세스 관리

D2. 과업에 대한 그룹 자기 인식 촉진

- 그룹의 필요에 따라 활동 속도 변경
- 그룹에 필요한 정보를 식별하고 그룹의 자료와 통찰력을 도출
- 그룹 종합 패턴, 트렌드, 근본 원인, 행동 프레임워크를 지원
- 그룹의 경험에 대한 성찰을 지원

D3. 그룹이 합의하고 원하는 결과로 안내

- 다양한 접근 방식을 사용하여 그룹의 합의 성취
- 그룹의 목표를 이루기 위해 다양한 접근 방식 사용
- 변화하는 상황과 그룹의 필요에 따른 프로세스 조정
- 그룹 진행 상황 평가 및 제공
- 과업 완료 촉진

E. 전문 지식 구축 및 관리

E1. 지식 기반 관리

- 관리, 조직 시스템 및 개발, 그룹 개발, 심리학 및 갈등해결에 대한 지식
- 변화의 동력 이해
- 학습/사고 이론 이해

E2. 다양한 촉진 방법의 범위 이해

- 문제해결 및 의사결정 모델 이해
- 다양한 그룹 방법 및 기법 이해
- 그룹 방식의 오용 결과 파악
- 과업 및 내용과 프로세스 구분
- 고객의 변화/창발욕구를 지원하는 새로운 프로세스, 방법 및 모델 학습

E3. 전문적인 입지 구축

- 우리 분야와 관련된 지속적인 연구/학습 참여
- 우리 직업의 새로운 정보에 대한 지속적인 인식 확보
- 성찰 및 학습 연습
- 개인적으로 산업지식과 네트워크 구축
- 인증 유지

F. 긍정적이고 전문적인 태도의 모범

F1. 자기평가 및 자기인식 연습

- 행동과 결과를 반영
- 행동과 개인적, 직업적 가치 사이의 일치를 유지
- 그룹의 요구사항을 반영하도록 개인행동/스타일 수정
- 자신의 가치와 고객과의 업무에 미치는 잠재적 영향에 대한 이해 배양

F2. 정직한 행동

- 그룹과 그 가능성에 대한 믿음을 제공
- 진정성과 긍정적인 태도로 상황에 접근
- 퍼실리테이터가 다른 관점을 조사할 때 상황을 설명
- 전문가로서의 경계 및 윤리 모범

F3. 그룹의 잠재력을 중립적인 위치에서 신뢰

- 그룹의 지혜를 존중
- 다른 사람의 능력과 경험에 대한 신뢰 장려
- 그룹 결과에 대한 영향을 최소화하기 위한 주의
- 객관적이고 비방어적이며 판단하지 않는 자세 유지

2. 퍼실리테이터 자격 취득

[별표 1] 자격의 종목 및 등급

자격 종목	자격 등급	자격 직무
인간 중심 퍼실리테이터	1급(HFP)	실제 교육 및 기업의 회의, 워크숍, 프로젝트 운영 현장에서 소, 중, 대규모 퍼실리테이션 관련 기획 및 진행과 관련된 업무를 수행한다.
	2급(HF)	실제 교육 및 기업의 회의, 워크숍, 프로젝트 운영 현장에서 소, 중규모 퍼실리테이션 관련 진행과 관련된 업무를 수행하고, 대규모 퍼실리테이션에서 소그룹 운영과 관련된 업무를 수행한다.

[별표 2] 자격의 응시자격

자격 종목	자격 등급	응시 자격
인간 중심 퍼실리테이터	1급(HFP)	- 연령: 해당 없음 - 학력: 고등학교 이상 졸업자 - 기타 자격요건 　본 기관 및 교육청 등에 허가된 다른 교육기관에서 인간 중심 퍼실리테이션 2급 자격을 취득한 자
	2급(HF)	- 연령: 해당 없음 - 학력: 고등학교 이상 졸업자 - 기타 자격요건 　본 기관 및 교육청 등에 허가된 다른 교육기관에서 디자인 퍼실리테이션 및 인간 중심 퍼실리테이션 24시간 과정을 수료한 자

[별표 3] 과목별 시험문항 수 및 시험시간

- 서류 전형
- 소정의 지원서 양식
- 이력서
- 연구소 인증 기본과정 20시간 + 전문 과정 8시간 수료증 사본
- 워크숍 진행 목록 5회 이상 증명서
- 진행 워크숍 중 택일하여 상세 기술서 제출(1500단어 이상)
- 실기 시험방법 및 과목

등급	시험 방법	시험 과목	시험 시간
1급 (HFP)	- 실기	- 퍼실리테이션 역량 인터뷰 - 회의 진행 역량 시연	60분
2급 (HF)	- 실기	- 퍼실리테이션 역량 인터뷰	30분

[별표 4] 인간 중심 퍼실리테이터 합격 기준

자격 종목	등급	합격 기준
인간 중심 퍼실리테이터	1급 (HFP)	- 퍼실리테이션 역량 인터뷰: 영역별 20점 만점에 평균 16점 이상 - 회의진행 역량 시연: 30점 만점에 평균 18점 이상 ※ 실기시험의 전체평균 80점 이상(단, 30분 회의 진행 시연 17점 이하 시 불합격 처리)
	2급 (HF)	- 퍼실리테이션 역량 인터뷰: 영역별 20점 만점에 평균 16점 이상

3. 퍼실리테이션 실습

(1) 실습 분야 선택

    1) 비전 수립

    2) 전략 수립

    3) 제품 개발

    4) 문제 해결

    5) 갈등 해결

    6) 의사 결정

    7) 러닝 퍼실리테이션

(2) 선택한 분야에서의 아젠다 설정

(3) 아젠다 설정에 따른 설계

(4) 설계안 내 단계에 따른 도구 선택

제2부

지역문제해결 디자인
(LOCAL)

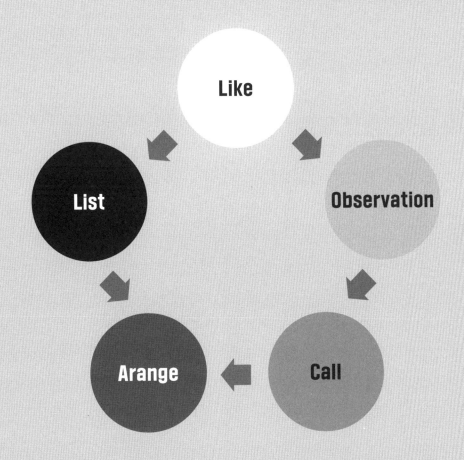

나, 너, 우리(Like)

1. 행동 유형을 통해 자신을 확인하자! DISC

(1) 개요

1) 사람은 태어나서부터 성장하여 현재에 이르기까지 자기 나름대로의 독특한 동기요인에 의해 선택적으로 일정한 방식으로 행동을 취하게 된다.

2) 그것은 하나의 경향성을 이루게 되어 자신이 일하고 있거나 생활하고 있는 환경에서 아주 편안한 상태로 자연스럽게 그러한 행동을 하게 된다.

3) 우리는 그것을 행동패턴(Behavior Pattern) 또는 행동 스타일(Behavior Style)이라고 한다. 사람들이 이렇게 행동의 경향성을 보이는 것에 대해 1928년 미국 콜롬비아대학 심리학 교수인 Willam Mouston Marston 박사는 독자적인 행동 유형모델을 만들어 설명하고 있다.

4) Marston 박사에 의하면 인간은 환경을 어떻게 인식하고 또한 그 환경 속에서 자기 개인의 힘을 어떻게 인식하느냐에 따라 4가지 형태로 행동을 하게 된다고 한다. 이러한 인식을 축으로 한 인간의 행동을 Marston박사는 각각 주도형, 사교형, 안정형, 신중형, 즉 Disc 행동 유형으로 부르고 있다.

5) 다른 성격 유형들과 잘 의사소통하는 방법을 배우면 좀 더 좋은 인간관계를 맺을 수 있다.

(2) 진행 방법

– 성격 유형 검사 DISC는 이러한 행동 패턴을 통하여 성격의 유형을 D(주도형, Dominance), I(사교형, Infuence), S(안정형, Steadiness), C(신중형, Conscientiouseness) 등 4가지로 구분하여 각각의 유형이 다른 유형과 관계를 맺을 때 어떤 상황이 전개되고, 어떻게 하면 효과적인 관계를 만들 수 알려 주는 기질 테스트이다.

유형	관찰되는 행동	타인으로부터 기대하는 것	자신의 일에 대한 태도
주도형 (D형)	1. 자기중심적 2. 듣기보다는 말한다 3. 자기주장이 강하다 4. 의지가 강하다 5. 결의가 굳다	1. 직설적 소통 2. 존경받는 것 3. 자신의 리더십을 인정해 주는 것 4. 간섭받지 않는 것	1. 권위와 권력 2. 명성, 위신, 신망 3. 도전성
사교형 (I형)	1. 듣기보다는 말한다 2. 때로는 감정적이다 3. 설득력이 있고 정치적인 감각이 있다 4. 활기차며 타인을 설득하려고 한다	1. 친근하고 정직하며 유머러스하다 2. 자신의 생각, 감정 상태에 대해 들려준다	1. 가시적인 인정과 보상 2. 승인, 동조, 인기를 받는 것 3. 인기를 얻는 것
안정형 (S형)	1. 말하는 것보다 질문한다 2. 일관성이 있다 3. 상담, 상의하는 것을 선호한다 4. 인내심이 있다 5. 변화에 소극적이며 말에 신중을 기한다	1. 편안한 태도 2. 상냥함, 우호적이다 3. 자신의 가치를 인정하며 변화는 점진적으로 진행한다.	1. 가시적인 인정과 보상 2. 승인, 동조, 3. 인기를 받는 것
신중형 (C형)	1. 규칙/규범을 준수한다 2. 구조적, 조직적이다 3. 실수를 하지 않도록 주의한다 4. 세운 목표에 스스로 엄격하다 5. 대인관계에서 외교적이다	1. 최소한의 사교적 행동을 취한다 2. 세부사항의 정확성이 있고 행동에 신뢰를 기한다 3. 높은 기준	1. 명확한 기대와 목표 2. 자주성 3. 전문성의 인정 4. 프로정신

2. 공감지도

(1) 개요

- 자신을 소개하는 도구로 사용할 수 있으며, 신제품이나 서비스를 개발할 때 표본 고객의 욕구를 조사하는 도구다.

(2) 진행 방법

1) 생각과 느낌(Thinking and Feeling)

2) 보기(Seeing)

3) 말하기와 행동하기(Saying & Doing)

4) 듣기(Hearing)

5) 아픔(Pain)

6) 이득(Gain)

7) 신제품이나 서비스에 대한 고객 입장에서의 공감하는 내용을 긍정적인 것과 부정적인 것 모두 언급할 수 있다.

3. 조 편성

1) 조별로 역할을 분담한다.

2) 모두 오른손을 들고 있다가 퍼실리테이터의 시작 신호와 함께 조장을 맡을 분을 가리킨다.

3) 가장 많은 표를 얻은 참여자가 조장이 된다.

4) 조 이름과 조 구호도 의논하여 정한다.

5) 기록자, 타임키퍼, 클리너, 영양사, 사진사 등을 선출한다.

6) 전지에 조 이름, 조 구호, 역할을 맡은 명단을 기록하고 꾸민다.

7) 조별로 돌아가며 발표하고 구호도 외치며 조 사진을 찍는다.

4. 인간 빙고

1) 7행 7열로 된 테이블을 아래와 같이 만들어 할 수 있는 일을 적는다.

2) 먼 곳부터 한 사람씩 질문을 하고 해당되면 사인을 받는다.

3) 가로, 세로, 대각선 어느 방향으로든지 모두 먼저 채우면 이긴다.

마라톤을 완주했다	샤워를 좋아하지 않는다	굽거나 튀긴 음식을 가장 좋아한다	스마트폰 게임을 즐긴다	색소폰을 연주한다	강의 중에 질문을 많이 하는 편이다	라식 수술을 했다
주유소 아르바이트를 해 봤다	신혼여행을 제주도로 다녀왔다	대중 앞에서 노래를 잘 부른다	승마를 한 적이 있다	남해안에서 태어났다	중국에 3번 이상 가 봤다	유기농 식품을 주로 먹는다
사냥을 해 보았다	손대지 않고 귀를 움직일 수 있다	오토바이를 타 보았다	커피를 한 잔 마셔야 잠이 온다	올해 집을 이사했다	하루 5시간 이내로 잠을 자는 편이다	번데기를 좋아한다
화장실에 잘못 들어간 적이 있다	1970-1980 음악을 좋아한다	청소년 시기에 가출한 적이 있다	보너스 칸	다리가 골절된 적이 있다	시속 200km 밟은 적이 있다	한 달에 책을 3권 이상 읽는다
나는 외동 아들(외동딸)이다	인스턴트 식품을 즐겨 먹는다	지하철을 타고 출근한다	승용차가 쏘나타다	서서 손이 바닥에 닿는다	개인 홈페이지를 갖고 있다	첫사랑과 결혼했다
편도선이 자주 붓는다	시 2작품 이상 암송할 수 있다	끝절까지 외우는 노래가 있다	어제 저녁에 회식을 했다	극장에 가서 영화를 자주 관람한다	하루 세 번 꼬박꼬박 이를 닦는다	집에 인공지능 스피커가 있다
식당에 가서 혼밥을 즐긴다	게임에서 이겨 본 적이 없다	행운권에 당첨이 된 적이 없다	호떡이나 붕어빵을 좋아한다	물구나무 서기를 잘한다	어학연수를 다녀왔다	1,000m는 쉬지 않고 수영할 수 있다

5. 주먹탑 쌓기

(1) 두 사람이 마주 보고 주먹을 번갈아 탑을 쌓는다.

(2) 퍼실리테이터가 '올리고' 하면 밑에 있는 손이 제일 위로 올라간다.

(3) '내리고' 하면 가장 위에 있는 손을 아래로 내려 받친다.

(4) 퍼실리테이터가 '꽝' 하면 가장 아래에 있는 손이 위에 있는
손을 내리치고 위에 있는 손은 피한다.

(5) 한 번은 연습으로 하고, 한 번 더 실행한다.

6. 사진 활용

□ **3장 선택**

1) 테이블마다 그림카드를 한 세트씩 배치한다.

2) 참여자들이 자신을 소개하기 위해, 또는 워크숍의 주제에 관한 생각을 나
누기 위해 각각 3장씩 선택하게 한다.

3) 돌아가면서 이야기를 공유한다.

□ **1장 선택**

– 퍼실리테이터는 참여자들이
선택한 사진을 부착하고 워
크숍의 주제와 관련하여 떠
오르는 생각을 아래 결과물
사진과 같이 사진 하단에 기
록한다.

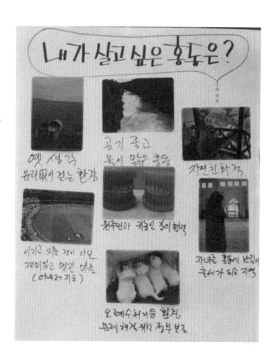

7. 텔레파시 게임

1) 두 사람씩 짝을 짓고 마주 본다.

2) 퍼실리테이터가 다음과 같은 식으로 대조되는 두 단어를 차례차례 화면에 띄
   우자마자 상대방이 말할 것으로 예측되는 단어를 순간적으로 동시에 말한다.

   · 짜장 / 짬뽕

   · 밥 / 빵

   · 떡 / 오뎅

   · 치킨 / 피자

   · 사탕 / 초콜릿

   · 물냉 / 비냉

   · 부먹 / 찍먹

   · 여름 / 겨울

   · 송중기 / 박보검

   · 비 오는 날 / 해 뜨는 날

3) 두 사람이 같은 단어를 말했으면 오른손끼리 손바닥을 치며 "앗싸!"를 외치
   고, 다른 단어를 말했으면 두 손으로 하이파이브를 하면서 "잘해 볼게요!"라
   고 외친다.

4) 모두 같은 단어를 말한 팀에게는 선물을 줄 수도 있다.

5) 몇 가지만 연습 삼아 해 본 뒤에 잠시 쉬면서 다시 한번 설명을 한 후 나머지
   를 다시 진행한다.

8. 캐릭터 나무

1) 아래의 그림과 같은 캐릭터 나무 밑그림을 A3 용지에 인쇄한 후 조별로 한 장씩 나눈다.

2) 1㎝ 크기의 도트 스티커(Dot Sticker)에 각자 자신의 이름을 네임펜으로 기록한 후 자신의 현재 상태를 의미하는 자리에 부착한다.

3) 어떤 의미로 그 위치에 부착했는지를 돌아가며 공유한다.

Blob Trees[21]

---

21) Pip Wilson, lan Long, "The big book of Blob Trees, Routledge, 2018

9. 연대기(Historical Scan)[22]

(1) 진행 방법

1) 전지에 아래와 같이 연대를 나눈다.

2) 최근 5년간은 1년 단위로, 그 이전은 5년 단위로 한다.

3) 해당 연도에는 어떤 일들이 있었는지 접착메모지에 기록한다.

4) 개인, 가정, 직장, 공동체 등 어떤 것이라도 좋다.

5) 참여자 한 사람이 전체적으로 5개 이상을 기록하여 붙인다.

6) 어느 정도 채워지면 다시 그 시대에 사회적으로는 어떤 사건들이 있었는지
   의논하며 사건을 추가한다.

(2) Tip

- 라이프 그래프와 유사하지만 그 후에 사회적 사건을 더할 때 같은 시간이라
  도 다른 사건들을 떠올릴 뿐 아니라 같은 사건이라도 기억하는 의미가 다르
  므로 풍부한 관점을 서로 얻을 수 있다.

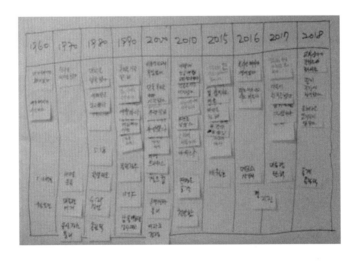

---

22) ICA(International Culture Affairs)의 Technology of Participation(ToP)에서 개발한 도구다.

1. ENOW[23)]

(1) 진행 방법

1) Equal, Needs, Obstacle, Way로 구성된다.

2) Equal은 '나는 주제를 이것과 같다고 생각한다'라는 의미다. 정의(Define)나 은유(Metaphor)를 포함할 수 있다.

3) Needs는 '주제가 이런 이유에서 필요하다'라는 의미다. 필요성뿐 아니라 가치(Value)와 의미(Meaning)를 포함할 수 있다.

4) Obstacle은 '결과를 향해 가는 길에 이런 장애물이 예상된다'라는 의미다. 장애물이나 어려움(Difficult)을 포함할 수 있다.

5) Way는 '주제를 도달할 수 있는 길'이라는 의미다. 방향(Direction)이나 방법(Method)을 포함할 수 있다.

6) ENO는 관점 전환과 의식 확대를 돕는 질문이므로 각각 3개 정도의 아이디어를 쓰게 하고, W는 구체적인 방법이나 실행 계획으로 연결되는 질문이므로 많은 아이디어를 도출하여 그중에서 좋은 아이디어를 선택하기 위해 6-3-5 Brainwriting으로 대체할 수 있다.

---

23) 홍삼열, 『프로세스코칭 워크북』(2016), 좋은땅

(2) Tip

1) 인성, 영성 등 가치 중심의 모호한 주제를 다루는 데 좋다.

2) 코칭 대화모델로 활용해도 좋다.

Equal	Needs
Obstacle	Way

2. 사회적 요소[24]

(1) 진행 방법

1) Why, What, How로 구성된다.

2) 육하원칙(5W1H) 중에서 3가지를 활용하는 도구 중 하나다.

3) Why는 문화적 요소다. 정체성, 지식, 행동 등이 포함된다.

4) What은 경제적 요소다. 기여, 자산, 운영 등이 포함된다.

5) How는 정치적 요소다. 책임, 통제, 결정 등이 포함된다.

---

24) ICA의 Social Process Triangle에서 참조한 것이다.

(2) Tip

    1) 기업은 상징/지혜/성향, 분배/자원/생산, 복지/질서/정의로 대체할 수 있다.

    2) 아래 사진과 같이 한 분야씩 나누어 월드카페 형식으로 진행할 수 있다.

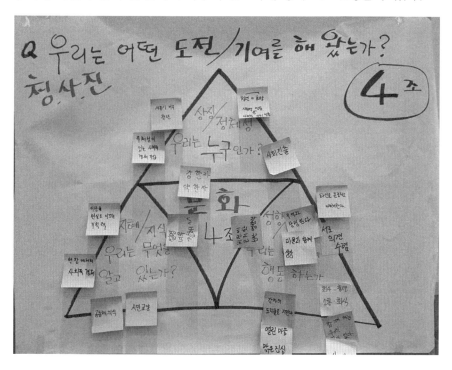

3. 통합 비전[25]

(1) 진행 방법

    1) 나, 우리, 그것, 그것들로 구성된다.

    2) 개인과 집단, 내면과 외면을 결합해 적용한 사분면이다.

    3) '나'는 개인의 내면으로 심리적인 이상에 대한 질문이다.

    4) '우리'는 집단의 내면으로 문화적인 관점과 가치관에 대한 질문이다.

---

25)   Ken Wilber, 『켄 윌버의 통합비전』(2014), 김영사

5) '그것'은 개인의 외면으로 과학적 패러다임에 대한 질문이다.

6) '그것들'은 집단의 외면으로 사회적 시스템 차원, 즉 정치 · 경제적 체계에 대한 질문이다.

(2) Tip

1) 의료, 비즈니스, 생태, 영성 등에 적용할 수 있다.

2) 켄 윌버는 통합적인 비전을 갖지 않으면 이상주의, 포스트모더니즘, 과학주의, 시스템이론에 치우치기 쉽다고 한다.

나(심리적 이상)	그것(과학적 패러다임)
우리(문화적 관점)	그것들(사회적 시스템)

M9 ▶ 디자인 씽킹으로 아이템 선정(Call)

1. Design Thinking Process[26]

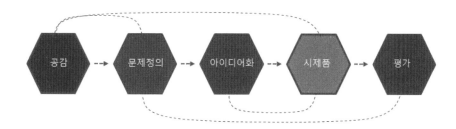

□ **1단계: 공감(Empathise)**

1) 목표: 다른 사람들, 최종 사용자들, 해결해야 하는 문제 자체 등으로부터 배운다는 마음가짐으로 몰입
2) 팀원들과 함께 풀고자 하는 문제에 대한 이해 및 정의 부분을 공감하는 단계
3) DT(Design Thinking)전문가의 도움으로 팀원들 간 문제에 대해 인터뷰, 체험 등을 통해 발견된 문제를 보다 깊이 이해할 수 있는 단계
4) 시간에 따라 상당량의 정보가 수집되는 단계

---

26) https://www.interaction-design.org/literature/article/5-stages-in-the-design-thinking-process

5) 기초가 되는 문제에 대해 최대한 많이 이해하는 단계

□ **2단계: 문제정의(Define)**

1) 목표: 의사결정을 수행하는 수렴적 사고단계이므로 프로젝트와 관련된 이해관계자들 또는 프로젝트 멤버들에게 올바르고 중요한 질문들을 수행함으로써 문제를 명확하게 한다.

2) 전 단계에서 만들고 수집했던 정보를 서로 공유하고 종합하는 단계

3) 수집된 자료를 분석하고 팀원들이 생각한 근본적인 문제에 대해 정의하고 분석하는 단계

4) DT전문가가 팀원들이 문제를 해결할 수 있는 특징, 기능 및 기타 요소를 설정하는 데 도와주는 단계

5) DT전문가가 유용한 아이디어를 모으거나 사용자가 최소한의 어려움으로 문제를 스스로 해결할 수 있도록 도와주는 단계

* 주의할 점: 사용자 중심, 고객 중심으로 문제를 정의해야 한다는 것!

□ **3단계: 아이디어화(Ideate)**

– 목표: 가장 중요하고 핵심적인 단계이고 독창적으로 생각하도록 노력하고 수많은 아이디어들을 브레인스토밍 하여 누구의 아이디어도 거부되어서는 안 되며 질보다 양을 중요시한다.

□ 4단계: 시제품(Prototype) 제작

1) 목표: 가장 활기 넘치고 빠르게 진행되는 단계이며 프로토타입은 종이로 만든 모델, 스토리 보드, 와이어프레임, 골판지 상자 등으로 만들어질 수 있으며, 도출된 여러 가지 아이디어/ 개념들을 재빠르게 기사화하여 최적의 해결책을 찾아내는 역할을 한다.

2) 최소한의 재원을 활용하여 선택된 문제해결에 관한 아이디어를 실제로 만드는 단계

3) 시제품을 팀 내, 다른 팀, 소그룹 고객 등에 실제로 사용하게 하여 보완점 및 개선점 파악이 가능한 단계

4) 파악한 개선점과 보완점을 파악하여 가장 최선의 해결점을 찾는 단계

□ 5단계: 평가(Test)

1) 목표: 디자인 사고과정에서 반복되는 단계로서, 프로토타입에 대한 엄격한 테스트를 토대로 피드백을 제공해준다. 사용자들로부터의 피드백(테스트 결과)을 토대로, 프로토타입을 개선한다.

2) 팀원, 그 외 테스터들에게 엄격하게 평가를 받는 단계

3) 테스트 단계에서 발생한 결과가 문제를 재정의할 수도 있는 단계

4) 또 다른 문제점이 나타날 수 있는 단계

이러한 일련의 과정에서 항상 순서대로 진행하지 않아도 괜찮다. 위의 Design Thinking Process같이 시제품에서 아이디어화로 평가에서 문제정의로 이동하고 다시 과정을 시작하게 된다. 팀원들이 공감하고 정의했던 문제가 시제품과 평가를 통해서 적합하고 최적의 문제 해결 방법이 아니라면 다시 문제정의로 시작해야 한다는 것이다.

2. 공감

□ 페르조나

1) 개요

- 페르조나(Persona) 기법은 탐사조사에서 얻은 단서들을 토대로 창조한 '특정 속성을 지닌 가상 인물'이다. 페르조나를 창조한다는 것은 잠재적이고 추상적인 '고객'의 개념을 매우 개인적인 인간으로 형상화하는 작업이라 할 수 있다. 그렇기 때문에 디자인 씽킹의 핵심이 되는 대상 고객과 공감하고 이해하는 능력을 확립해 준다.[27]
- 어떤 제품이나 혹은 서비스를 개발하기 위하여 시장과 환경 그리고 사용자들을 이해하기 위해 사용되는데 어떤 특정한 상황과 환경 속에서 어떤 전형적인 인물이 어떻게 행동할 것인가에 대한 예측을 위해 실제 사용자 자료를 바탕으로 개인의 개성을 부여하여 만든다.
- 이름을 비롯해서 라이프 스타일이나 주된 관심사, 해당 제품을 사용하는 목적등과 같은 성격이 부여됨으로 하나의 인물이 창조된다.

2) 페르소나 포함 내용 TIP

- 이름, 사진, 성별, 나이, 직업, 성격, 취미, 학력 등
- Place & Activities: 주요장소와 활동
- Goals & Needs: 목표와 필요
- Tasks: 무엇을 하기를 원하는가?
- Fears(Pain) & Concerns: 걱정과 관심사?
- Insights: Needs 이면의 진짜 이유는?

---

27) 진 리드카, 팀 오길비(2011) 디자인씽킹, 경영을 바꾸다.

3) 진행 방법

- 브레인스토밍: 각 팀의 구성원들은 모이도록 한다. 그리고 어느 정도 입증된 프로토 페즈조나를 두고 더 구체적으로 타기팅과 그들에게 어떤 영향을 줄 수 있는지 자유롭게 의견을 나눈다.
- 템플릿 작성: A4용지를 한 장씩 나누어 가지고 가로세로로 2번 접어 4등분한다. 그리고 해당되는 항목을 작성한다. 한 사람이 여러 장을 작성해도 좋다
- 아이디어 선정: 그중 타깃이라고 생각되는 3~4개 페르소나 유형만 선정한다.

A. 인물스케치와 이름	B. 행태적 인구통계학적 정보
- 간단한 인물스케치, 이름, 성별, 나이, 거주, 직업, 교육, 소득 등의 인구통계학적 정보	- 구체적인 행동이 예측되는 정보
C. 불만 포인트와 & 니즈	D. 해결 방안
- 현재 제품이나 상황에 대한 니즈와 불만 - 해결해야 하는 구체적인 어려움 - 우리가 필요한 니즈	- 니즈에 대한 잠재적 솔루션 - 기능도출이나 문제해결을 위한 아이디어 도출에 활용

□ **페르조나 예시**

스케치와 이름	인구통계학적인 정보
이름: 윤혜영(36세) 서울 양천구 목동 워킹맘	기혼, 자녀 2명(5살, 9살) 패션 디자이너 남편은 변호사 가족과 같이 있는 시간이 매우 중요
페인포인트와 니즈	해결 방안
학교에서 아이들이 있었던 일을 전혀 모름 너무 바빠서 아이들 숙제를 도와줄 수 없음 담임 선생님과 소통이 전혀 없음	아이들과 의미 있는 시간 마련 선생님과 편하게 연락하는 방법 마련

□ 고객여정 지도(Customer Journey Map)

1) 개요

- 고객이 제품이나 서비스를 사용할 때 경험하게 되는 요소들을 고객경험에 따라 순차적으로 시각화하는 작업이다.
- 고객이 해당 서비스를 알게 되는 처음 터치포인트(Touch Points)부터 서비스가 이용이 끝나는 지점까지이다.
- 서비스 이용 후 서비스에 대해 다른 사람들에게 알리거나 평가하는 지점까지 여정의 단계별 활동들과 그 단계에서 상호작용하는 터치포인트로 시각화된다. 서비스를 이용하는 다양한 단계에서 고객이 느끼는 감정을 함께 표현하기도 한다.
  - ㄱ. Process
  - ㄴ. Pain Points(불편함)
  - ㄷ. Touch Points(제품/ 서비스와 사용자가 만나는 접점)

2) 진행 방법

- 대상이 되는 서비스나 제품의 리서치를 진행
- 가상의 사용자인 페르소나를 정하고, 고객여정지도를 그리는 목표세우기
- stage칸에 사용자가 제품을 사용하는 단계를 시간순으로 작성
- stage마다 일어나는 모든 상호작용을 작성하고 사용자의 행동과 감정을 분석
  - ㄱ. touchpoint는 사용자의 모든 상호작용을 적는다.
  - ㄴ. thinking에는 사용자가 상호작용을 통해 바라는 기대나 니즈를 적는다.
  - ㄷ. 사용자의 감정곡선 항목을 추가할 수 있다.
- 고객여정지도를 그리는 목표를 생각하면서 각 단계의 기회영역을 분석

3) 고객여정지도 예시

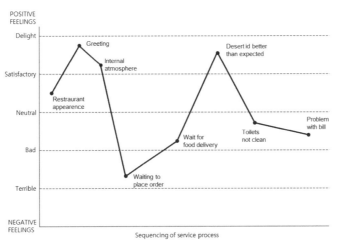

레스토랑에서 식사 시 감정 여정 맵. 단계별 감성/만족도의 고저에 따라 매핑한 전형적 고객여정 맵 사례
출처: http://highered.mcgraw-hill.com/sites/dl/free/0077116275/507270/Sample_chapter_3.pdf

3. 문제정의 - 이해관계자 지도

(1) 진행 방법

1) 이해관계자란 공동체의 기획이나 전략에 영향을 주거나 영향을 받을 수 있
  는 사람이며 내부와 외부에서 찾을 수 있다.

2) 내부와 외부의 이해관계자를 찾아본다.

3) 영향력의 크기, 영향력을 미치는 영역, 법적 권리, 방해 요인, 책임, 권리,
  이익 등을 고려한다.

4) 이해관계자의 이름을 나열하고 신호등을 활용하여 구분해 본다.

	초록(긍정)	노랑(중립)	빨강(부정)
이해관계자 1			
이해관계자 2			
이해관계자 3			
이해관계자 4			
이해관계자 5			

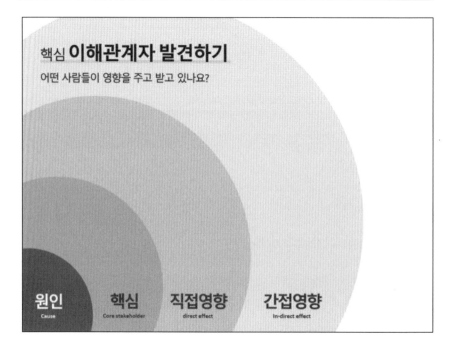

(2) 관여 수준 결정

1) X축은 관심도, Y축은 영향력으로 하여 이해관계자를 분석한다. X축과 Y축에는 낮음(low)과 높음(high)으로 구분된다.

2) 영향력이 높고 관심도도 높으면 협력할 동반자다.

3) 영향력이 높은데 관심도가 낮으면 그들의 필요와 연결하여 관심을 갖도록 참여시킨다.

4) 영향력이 낮고 관심도가 높으면 의견을 참작하고 반영한다.

5) 영향력이 낮고 관심도도 낮으면 정보를 제공한다.

	관심도가 높음	관심도가 낮음
영향력이 높음	Key player 협업	Meet their needs 참여
영향력이 낮음	Show consideration 의견 반영	Least important 정보 제공

(3) Tip

1) 의사결정에 어려움을 주거나 문제점만 찾고 있는 이해관계자를 무시하면 계속 걸림돌이 되고, 잘 관리하면 동반자가 될 수 있다.

2) 이해관계자의 동기 부여를 위해서는 기대, 관심 분야, 우려 등을 고려한다.

3) 이해관계자의 참여를 돕기 위해서는 필요, 가치관, 문제, 문제 해결을 위한 조치, WIN-WIN 요소 등을 고려한다.

4) 영향력의 높고 낮음에 관계없이 관심도가 낮으면 관심도가 높아지도록 이끄는 것이 필요하다.

5) 워크숍 기획 단계에서도 활용할 수 있다.

4. 아이디어화 - 브레인스토밍[28]

(1) 개요

1) 팀원들과 함께 아이디어를 발전시키기 위해 시작하는 준비 단계

2) Brainstorming, Brainwrite, Worst Possible Idea, SCAMPER
같은 아이디어화 기술 사용하는 단계

3) 가능한 한 많은 아이디어나 문제 해결 방법을 도출하는 것이 중요한 단계

4) 문제를 해결하는 가장 좋은 해결 방법이나 아이디어를 찾는 단계

(2) Brainstorming의 원칙

1) 동시에 두 명 이상의 발언을 금지한다.

2) 주제에 집중한다.

3) 정제되지 않은 거친 아이디어를 존중한다.

(3) Brainstorming의 규칙

1) 문제를 잘 다듬어서 말한다. 문제를 명확하게 묘사해야 브레인스토밍에 참여한 사람들이 좀 더 쉽게 주제에 접근할 수 있고, 그 모임은 훌륭한 출발을 할 것이다.

2) 어떤 아이디어를 비판하거나 반박하면서 시작하지 마라.

3) 아이디어에 번호를 매긴다. 이는 모임 전이나 진행 중에 참가자를 자극하는 도구가 되며, 혹은 브레인스토밍이 얼마나 거침없이 진행됐는지 평가하는 수단이 된다.

4) 때로는 단숨에 뛰어넘는다. 구축하고 뛰어넘을 기회를 살펴라. 아주 정력적인 브레인스토머는 가파른 역학 곡선을 따라가는 경향이 있다. 추진력

---

28) 참고 및 발췌: 한빛아카데미(주), 창의융합 프로젝트 아이디어북 - 브레인스토밍 원칙, 규칙

은 서서히 구축되다가 격렬하게 뛰어오른 뒤 다시 안정 수준에 도달하게 된다.

5) 아이디어를 사방에 기록한다. 거침없이 흐르는 아이디어를 팀원 모두가 볼 수 있는 매체에 기록하라. IDEO는 매직펜, 포스트잇 등의 도구들을 가지고 이를 실천함으로써 대성공을 거두었다.

6) 분위기를 얼마 동안 달아오르게 하는 워밍업 시간을 가진다.

7) 바디스토밍(bodystorming)을 실시한다. 뛰어난 브레인스토밍은 아주 시각적이다. 여기에는 스케치, 마인드 매핑, 도형, 인체도가 포함된다. 남 앞에 나서는 데서 생기는 불안은 던져 버리고 당신이 활용할 수 있는 비주얼 자료를 가지고서 문 안으로 뛰어들어라.

5. 프로토 타입-1페이지 사업계획서

1page 리포트 기획서 양식

제안:	기획자:

제목
(제안하고자 하는 것을 한 문장으로 표현)

제안배경 및 제안의 필요성
(이 제안을 하게 된 배경)

·

·

·

제안개요 What: who, when, where
(누구를 대상으로 어디서 뭘 어떻게 하는지 기술)

· 대상:

· 장소:

· 일시:

· 사업량(정량적):

기대효과 Why

·

·

·

·

세부일정 및 역할 분담H ow
(이를 위해 누가 언제까지 뭘 해야 하는지 역할분담 기술)

·

·

·

---

6. 평가 – Payoff-Effort Matrix

(1) 진행 방법

- X축은 투입의 정도(Input or Effort), Y축은 산출 가치(Output Value or Payoff)로 하여 아이디어를 정렬하는 도구다. X축과 Y축에는 낮음(low)과 높음(high)으로 구분된다.
- 아이디어를 기록한 접착메모지를 떼어 해당되는 곳에 부착한다.
- 투입해야 할 내용이 적고 산출되는 가치가 높은 내용들이 단기 계획으로서 최우선순위가 된다.
- 투입해야 할 내용이 많지만 산출되는 가치가 높은 내용들은 중장기 계획에 포함될 수 있다.
- 투입해야 할 내용이 적거나 많아도 산출되는 가치가 적으면 우선순위에서 유보된다.

(2) Tip

흔히 '가성비'라고 부르는 가격 대비 성능도 이와 유사하다고 할 수 있다.

	투입하는 정도가 높음	투입하는 정도가 낮음
산출가치가 높음	Grand Slam 만루 홈런	Extra Inning 연장전
산출가치가 낮음	Stolen Base 도루	Strike Out 삼진 아웃

1. STP 분석

1) Segmentation, Target, Positioning의 머리글자다.

2) Segmentation은 설문을 통한 양적연구로 논문을 작성할 때 제일 먼저 필요한 인구 통계 특성으로 성별, 나이, 직업, 소득, 학력, 거주지, 종교 등이다. 공동체의 성격에 따라 항목을 가감할 수 있다.

3) Target은 해당 공동체가 주로 대상으로 해야 할 목표를 선택하는 과정이다.

4) Positioning은 정해진 Target을 대상으로 하려면 어떤 차별화 전략이 필요한지를 집단지성으로 아이디어를 발상하는 것이다.

5) Y자 모양의 Y Chart, 또는 3분면에 순서대로 질문한다.

6) 앞의 '사회적 요소'와 같이 프랙탈 삼각형 형태로 활용할 수도 있다.

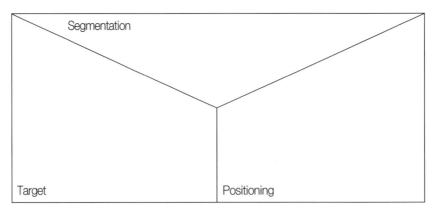

2. PEST 분석

(1) 진행 방법

    1) 거시적 사회환경을 분석하는 것으로 공동체의 활동에 영향을 줄 수 있는 외부 환경에서 정치적(Political), 경제적(Economic), 사회적(Social) 및 기술적(Technical) 요인 등을 파악하는 분석기법이다.

    2) 정치적 분석은 정책, 법률, 군사, 무역, 세금 등을 분석한다.

    3) 경제적 분석은 국가 경제 시스템, 경제성장률, 금리, 환율, 물가상승률, 경기 순환, 실업률 등을 파악한다.

    4) 사회적 분석은 인구 통계, 교육, 문화, 의식의 변화, 종교와 신념, 건강 의식, 직업 태도, 안전 강조 등을 파악한다.

    5) 기술적 분석은 최근의 기술 동향, 인프라, 기술 관련 법규, 기술 수준, 기술 인센티브, 연구 개발 등을 파악한다.

(2) Tip

    – 세부적인 분석 대상과 범위를 사전에 설계하는 것이 좋다. 일반적으로 각각의 분야별 기회와 위협 요인들로 분석한다.

	정치	경제	사회	기술
기회				
위협				

3. SWOT 분석

(1) 진행 방법

1) SWOT은 전략을 세우기 위해 시장 상황을 분석하는 도구다.

2) 내부적인 요인은 강점(Strength)과 약점(Weakness), 외부적인 요인은 기회(Opportunity)와 위협(Threat)으로 구성된다.

3) 내부 요인은 현재로, 외부 요인은 미래로 대체될 수 있다.

	Opportunity	Threat
Strength	SO일 때	ST일 때
Weakness	WO일 때	WT일 때

(2) Tip

- 분석이 끝나면 지역의 현안 문제해결과정을 재설계하거나 프로세스를 하나씩 개선할 수 있다.

4. Business Model Canvas

(1) 개요

– 비즈니스 모델 캔버스(Business Model Canvas)[29]는 알렉산더 오스터
왈더(Alexander Osterwalder)가 창안한 것으로, 성공적인 비즈니스를
위해서 필요한 9개의 주요 요소들을 한눈에 볼 수 있도록 만들어진 템플릿
이며 현재까지 많이 사용되고 있는 비즈니스 모델 방법론

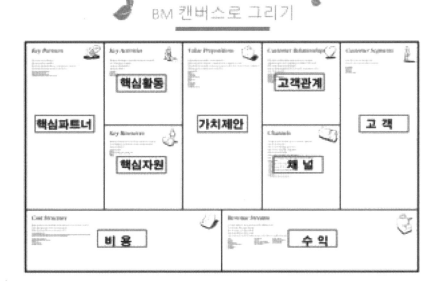

---

29)   알렉산더 오스터왈더Alexander Osterwalder(2005), Business Model Canvas

(2) 비즈니스모델 캔버스 작성

1) 작성하는 순서는 일반적으로 '① 고객 세그먼트(고객 정의) → ② 가치제안 → ③ 채널 → ④ 고객관계 → ⑤ 수익원 → ⑥ 핵심자원 → ⑦ 핵심활동 → ⑧ 핵심파트너 → ⑨ 비용구조'

2) 하지만 비즈니스 모델을 만들기 위한 구성원과 현장의 상황 그리고 제품 (서비스)의 특성에 따라서 크게 4개의 카테고리 영역으로 구분한 후에 일반적인 순서에 관계없이 아홉 개의 블록(요소)을 자유롭게 작성

3) 중요한 부분은, 비즈니스 모델 캔버스의 아홉 개의 블록(요소)들이 상호간에 유기적인 연결이 이루어져서 하나의 제품 또는 서비스 만듦

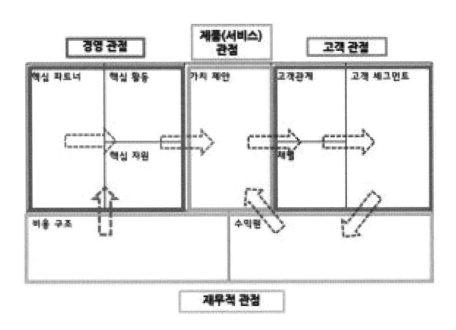

(3) 비즈니스 모델 캔버스를 활용해서 비즈니스 모델을 수립

– 이해를 돕기 위해서 비즈니스 모델 캔버스를 작성하는 순서로 소개하지만,
현장에서 비즈니스 모델 수립을 할 때는 현장의 상황 및 제품(서비스) 특징
에 따라서 융통성 있게 작성

핵심 파트너	핵심 활동	가치 제안	고객관계	고객 세그먼트
	핵심 자원		채널	
비용 구조			수익원	

M11 ▸ 사업계획서 작성(List)

1. 사업 개요

사업팀명		대표자	
사업 아이템			
사업 목적			
기업 전망 및 기대 효과			
참여인력의 전문성(역량)			

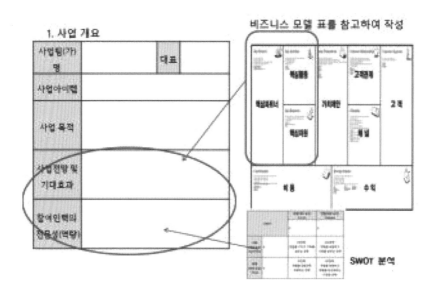

2. 사업아이템의 특성

아이템의 특성	
핵심 역량 및 역량 수준	

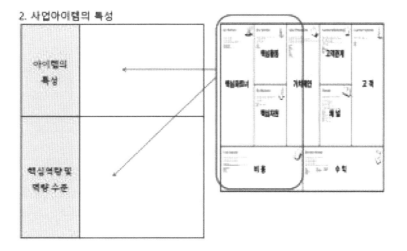

3. 창업아이템의 시장 분석

· STP(시장세분화, 표적시장, 포지셔닝)

시장세분화 segment	표적시장 targeting	차별화 positioning

· 소비자 분석과 4P전략(고객 세그먼트, 고객관계, 채널등과 제품, 가격, 유통, 판매 촉진)

> 목표고객, 고객관계, 채널 등을 서술하고 4P전략(PRODUCT, PRICE, PLACEMENT, PROMOTTION)기술

· 시장동향 및 경쟁사 분석(SWOT 분석 등)

시장조사와 고객니즈 정의	시장분석을 통해 예상되는 시장규모, 수요분석, 시장창업 가능성, 고객의 니즈들을 정확하게 정의
환경분석 평가(SWOT)	
경쟁사 평가 분석	

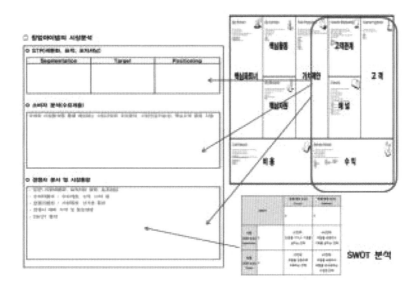

사회적 경제를 경영학적 관점으로 바라보고, 전공하는 사람으로서 사회적 경제 영역에서 이론적, 실무적 일들을 해 나가면서 가장 고민했던 것이 몇 가지 있습니다. 커뮤니케이션 의사결정비용, 상대적 무임승차, 기업으로서의 사회적 경제조직의 경영 전문성, 사회적 자본의 활성화, 사회적 경제기금의 형성과 그 근간이 되는 사회경제지표 등입니다. 그런데 이 같은 문제들은 사회적 경제조직뿐 아니라 우리가 함께하는 모든 공동체나 조직에서도 고민거리라는 사실을 인지하게 되었습니다.

이런 고민을 가지고 여러모로 연구하며 현장에서 적용해 나가던 중 커뮤니케이션의 효과적 도구로 퍼실리테이션을 만났고, 퍼실리테이션을 연마하고 확장하면 지역사회에도 도움이 되고, 다양한 조직에게도 좋은 대안이 될 수 있다는 확신을 가지게 되었습니다.

오랜 준비와 많은 도전 속에서 인간중심 퍼실리테이션 연구소에서 지역문제해결 디자인 퍼실리테이션 워크북을 제작하였고 사회적 경제 영역뿐 아니라 다양한 영역들에서 의제발굴이나 아이디어 발산을 통한 솔루션을 도출하고 실행해 내는 지역문제해결의 디자인 과정을 실험해 보고자 합니다.

더불어 살아가기 위해 가장 자기다워진 개인들이 모여 사고를 확장하고 집단지성을 이용하여 공동체의 새로운 사회적 상상을 꿈꾸길 원합니다.

지금은 VUCA시대라고 합니다. 변화의 사이클이 짧아지고 어디도 확실한 정답이

정해져 있지 않으며, 관계가 복잡하고 혼란스럽고 모호함으로 민첩하게 시도하고 실패하며 새롭게 시작하는 과정을 되풀이해야만 하는 시대에는 집단지성과 퍼실리테이션을 통해 현장에 적절한 정답을 찾아가는 것 말고는 다른 대안을 찾을 수 없기에 연구소를 세우고 워크북을 제작하여 집단지성의 문화를 확산해 보려고 합니다. 이 작은 실험에 응원과 격려를 보내 주신 많은 분들께 감사드립니다.

이 모든 감사함을 마음에 새기고 한 걸음 한 걸음 계속해서 걸어 나가겠습니다. 이 길에서 만나서 함께 걸어갈 수 있기를 희망합니다. 감사합니다.

지역문제해결 디자인

ⓒ 배윤주 · 홍삼열, 2022

초판 1쇄 발행 2022년 2월 14일

지은이   배윤주 · 홍삼열
펴낸이   이기봉
편집   좋은땅 편집팀
펴낸곳   도서출판 좋은땅
주소   서울 마포구 성지길 25 보광빌딩 2층
전화   02)374-8616~7
팩스   02)374-8614
이메일   gworldbook@naver.com
홈페이지   www.g-world.co.kr

ISBN   979-11-388-0643-5 (03330)